한국 대표 시인
100명이 추천한
애송시
100편

어느 가슴엔들
시가 꽃피지 않으랴
1

한국 대표 시인
100명이 추천한
애송시
100편

어느 가슴엔들
시가 꽃피지 않으랴
1

정끝별 해설 · 권신아 그림

민음사

● **차례**

● 한국 대표 시인 100명이 추천한 애송시 100편

해 　박두진·10

남해 금산 　이성복·14

꽃 　김춘수·18

사평역에서 　곽재구·22

한 잎의 여자 　오규원·26

대설주의보 　최승호·30

빈집 　기형도·35

목마와 숙녀 　박인환·38

별들은 따뜻하다 　정호승·42

겨울 바다 　김남조·46

귀천 　천상병·50

남신의주 유동 박시봉방 　백석·54

잘 익은 사과 　김혜순·61

광야 　이육사·64

성탄제 　김종길·68

혼자 가는 먼 집 　허수경·72

저녁의 염전 　김경주·77

그릇 1 　오세영·82

문의마을에 가서 　고은·86

전라도 가시내 　이용악·90

6은 나무 7은 돌고래, 열 번째는 전화기 　박상순·96

쉬 　문인수·100

향수 　정지용·105

빼앗긴 들에도 봄은 오는가 　이상화·110

바람의 말 　마종기·116

타는 목마름으로 김지하·120

바다와 나비 김기림·124

봄바다 김사인·128

달은 추억의 반죽 덩어리 송찬호·132

사철나무 그늘 아래 쉴 때는 장정일·136

노동의 새벽 박노해·140

그리스도 폴의 강 1 구상·146

생명의 서 유치환·150

칼로 사과를 먹다 황인숙·154

농무 신경림·158

진달래꽃 김소월·162

반성 704 김영승·167

성북동 비둘기 김광섭·170

국토서시 조태일·174

투명한 속 이하석·178

보리피리 한하운·182

솟구쳐 오르기 2 김승희·186

낙화 조지훈·190

껍데기는 가라 신동엽·194

철길 김정환·198

거짓말을 타전하다 안현미·204

감나무 이재무·208

인파이터—코끼리군의 엽서 이장욱·212

맨발 문태준·216

저문 강에 삽을 씻고 정희성·220

2권 차례

한국 대표 시인
100명이 추천한
애송시 100편

풀 김수영
즐거운 편지 황동규
동천 서정주
목화 김종삼
사슴 노천명
저녁눈 박용래
한계령을 위한 연가 문정희
우리가 물이 되어 강은교
님의 침묵 한용운
삽 정진규
푸른 곰팡이―산책시 1 이문재
산문에 기대어 송수권
산정묘지 1 조정권
순은이 빛나는 이 아침에 오탁번
사라진 손바닥 나희덕
소 김기택
어떤 적막 정현종
우리 오빠와 화로 임화
긍정적인 밥 함민복
박꽃 신대철
겨울-나무로부터 봄-나무에로 황지우
너와집 한 채 김명인
어디로? 최하림
서시 윤동주
봄 이성부

내 몸속에 잠든 이 누구신가 김선우
나그네 박목월
상한 영혼을 위하여 고정희
수묵 정원 9 — 번짐 장석남
울음이 타는 가을 강 박재삼
눈물 김현승
섬진강 1 김용택
의자 이정록
이탈한 자가 문득 김중식
방심 손택수
마음의 수수밭 천양희
절벽 이상
조국 정완영
일찍이 나는 최승자
갈대 등본 신용목
해바라기의 비명— 청년 화가 L을 위하여 함형수
희미한 옛사랑의 그림자 김광규
서시 이시영
낙화 이형기
추일서정 김광균
참깨를 털면서 김준태
가지가 담을 넘을 때 정끝별
비망록 김경미
오산 인터체인지 조병화
모란이 피기까지는 김영랑

일러두기

1 시의 맞춤법과 띄어쓰기는 현행 맞춤법 규정을 따랐다. 단, 어감이 현저하게 달라질 경우를 고려하여 고어, 사투리, 뉘앙스가 있는 것들은 그대로 두었다.

2 한글 표기를 원칙으로 하여 원본의 한자는 모두 한글로 바꾸었다. 단, 동음이의어가 있는 경우는 한자를 밝히는 것을 원칙으로 했다.

해

박두진

해야 솟아라. 해야 솟아라. 말갛게 씻은 얼굴 고운 해야 솟아라. 산 넘어 산 넘어서 어둠을 살라 먹고, 산 넘어서 밤새도록 어둠을 살라 먹고, 이글이글 앳된 얼굴 고운 해야 솟아라.

달밤이 싫여, 달밤이 싫여, 눈물 같은 골짜기에 달밤이 싫여, 아무도 없는 뜰에 달밤이 나는 싫여……

해야, 고운 해야. 늬가 오면, 늬가사 오면, 나는 나는 청산이 좋아라. 훨훨훨 깃을 치는 청산이 좋아라, 청산이 있으면 홀로래도 좋아라.

사슴을 따라 사슴을 따라, 양지로 양지로 사슴을 따라, 사슴을 만나면 사슴과 놀고,

칡범을 따라 칡범을 따라, 칡범을 만나면 칡범과 놀

고……

해야, 고운 해야. 해야 솟아라. 꿈이 아니래도 너를 만나면, 꽃도 새도 짐승도 한자리 앉아, 워어이 워어이 모두 불러 한자리 앉아, 앳되고 고운 날을 누려 보리라.

詩

 '해'하면 떠오르는 시, 그것도 '새해'하면 떠오르는 시, 현대시에서 드물게 희망으로 충만한 시, 중학교 1학년 교과서에서 읽게 되는 시가 바로 박두진의 「해」이다. 1946년에 발표된 이 「해」가, 해방을 염원하던 해든 해방의 기쁨을 담은 해든, 솟지 않는 해를 향한 촉구든 솟고 있는 해를 향한 경이든 무슨 상관이랴. 그 해가 여전히, 지금-여기에서, 어둠과 고통을 살라 먹고 이글이글 솟구치고 훨훨훨 분방하고 워어이 워어이 불러 모으고 있다는 게 중요하다. 막 솟는 해처럼, 말의 되풀이는 힘차고 뜻의 개진은 꿋꿋하다. 언어가 어떻게 되풀이되고, 그 되풀이가 어떻게 노래가 되고 주술에 가까워지는가를 보여 주는 시다.
 "씻고" "살라 먹는", 그 세례와 정화에 의해 날마다 생생(生生)하게 새로 뜨는 해. 그 "청산(靑山)의 해" 아래 시를 살[生]

고, 사는[生] 시를 꿈꿔 보는 새벽이다. 삶 속에서 이글이글 솟아나는 생생지락(生生之樂)과, 시 속에서 훨훨훨 깃을 치는 시시지락(詩詩之樂)을 꿈꿔 보는 아침이다. 미움과 갈등의 시간을 버리고 강자와 약자가 워어이 워어이 더불어 상생하는 아름다운 세상을 꿈꿔 보는 새해다.

우리는 이제 달밤에 벌어진 상처, 눈물 같은 골짜기에서 일어난 죄악을 (불)살라 태우고 "앳된 얼굴"로 다시 태어날 것이니, 새해야 부디 '늬'도 그렇게 솟아라. 세상 모든 사람들이 꿈꾸는 세상의 모든 희망아, '늬'도 꼭 그렇게 고운 해처럼 오라. 삼백예순 날의 삶아, "앳되고 고운 날"들아, '늬'들도 꼭 그렇게만 좋아라. 백 년의 백 년 내내 낙희낙희(樂喜樂喜)하고 럭키럭키(Lucky Lucky)하게!

남해 금산

이성복

한 여자 돌 속에 묻혀 있었네
그 여자 사랑에 나도 돌 속에 들어갔네
어느 여름 비 많이 오고
그 여자 울면서 돌 속에서 떠나갔네
떠나가는 그 여자 해와 달이 끌어 주었네
남해 금산 푸른 하늘가에 나 혼자 있네
남해 금산 푸른 바닷물 속에 나 혼자 잠기네

詩 돌 속에 묻힌 한 여자의 사랑을 따라 한 남자가 돌 속에 들어간다면, 그들은 돌의 연인이고 돌의 사랑에 빠졌음에 틀림없다. 그 돌 속에는 불이 있고 목마름이 있고 소금이 있고 무심(無心)이 있고 산 같은 숙명이 있었을 터. 팔다리가 하나로 엉킨 그 돌의 형상을 '사랑의 끔찍한 포옹'이라 부를 수 있을까?

그런데 왜 한 여자는 울면서 돌 속에서 떠났을까. 어쩌자고 해와 달은 그 여자를 끌어 주었을까. 남해 금산 푸른 하늘가에 한 남자를 남긴 채, 돌 속에 홀로 남은 그 남자는 푸른 바닷물 속에 잠기면서 부풀어 간다. 물의 깊이로 헤아릴 길 없는 사랑의 부재를 채우며. 그러니 그 돌은 불타는 상상을 불러일으킬밖에. 그러니 그 돌은 매혹일 수밖에. 남해 금산에서 돌의 사랑은 영원이다. 시간은 대과거에서 과거로 다시 현재로 넘나들고, 공간은 물과 돌의 안팎을 자유롭게 드나든다. 과거도 아니고 현재도 아닌, 안(시작)도 없고 밖(끝)도 없는 그곳에서 시인은 도달할 수 없는 사랑의 심연으로 잠기고 있기 때문이다.

얼마나 많은 사람들이 돌이 되고 바위가 되는지 남해의 금산(錦山)에 가 보면 안다. 남해 금산의 하늘가 상사암(相思巖)에 가 보면 얼마나 많은 사람들이 얼굴과 얼굴을 마주한 채 돌이 되었는지 알 수 있다. 서로를 마주한 채 요지부동의 뿌리를 박고 있는지 남해 금산 푸른 바닷물 속을 들여다보면 알 수 있다.

모든 사랑은 위험하지만 사랑이 없는 삶은 더욱 치명적이라는 것을, 어긋난 사랑의 피난처이자 보루가 문득 돌이 되어 가라앉기도 한다는 것을, 어쩌면 한 번은 있을 법한 사랑의 깊은 슬픔이 저토록 아름답기도 하다는 것을 나는 「남해 금산」에서 배웠다. 모든 문을 다 걸어 잠근, 남해 금산 돌의 풍경 속 1980년대 사랑법이었다.

1980년대 시단에 파란을 일으킨 이성복 시인의 첫 시집 『뒹구는 돌은 언제 잠깨는가』(1980)는 기존의 시 문법을 파괴하는 낯선 비유와 의식의 초현실적 해체를 통해 시대적 상처를 새롭게 조명했다. 「남해 금산」은 그러한 실험적 언어가 보다 정제된 서정의 언어로 변화하는 기점에 놓인 시다.

꽃

김춘수

내가 그의 이름을 불러 주기 전에는
그는 다만
하나의 몸짓에 지나지 않았다.

내가 그의 이름을 불러 주었을 때
그는 나에게로 와서
꽃이 되었다.

내가 그의 이름을 불러 준 것처럼
나의 이 빛깔과 향기에 알맞은
누가 나의 이름을 불러 다오.
그에게로 가서 나도
그의 꽃이 되고 싶다.

우리들은 모두
무엇이 되고 싶다.

너는 나에게 나는 너에게
잊혀지지 않는 하나의 눈짓이 되고 싶다.

詩

　　김춘수 시인은 릴케와 꽃과 바다와 이중섭과 처용을 좋아
했다. 그는 시에서 역사적이고 현실적인 의미의 두께를 벗겨
내려는 '무의미 시론'을 주장하기도 했다. 교과서를 비롯해
여느 시 모음집에서도 빠지지 않는 시가 「꽃」이며 사람들은
그를 '꽃의 시인'이라 부르기도 한다.
　　1952년에 발표된 「꽃」을 처음 읽은 건 사춘기 시절 꽃무
늬 책받침에서였다. '그'가 '너'로 되기, '나'와 '너'로 관계
맺기, 서로에게 '무엇'이 되기, 그것이 곧 이름을 불러 준다
는 것이구나 했다. 그러니까 사랑한다는 것이구나 했다. 이름
을 부른다는 게 존재의 의미를 인식하는 것이며, 이름이야말
로 인식의 근본 조건이라는 걸 알게 된 건 대학에 와서였다.
존재하는 것들에 꼭 맞는 이름을 붙여 주는 행위가 시 쓰기에
다름 아니라는 것도.
　　백 일 내내 핀다는 백일홍은 예외로 치자. 천 년에 한 번
핀다는 우담바라도 논외로 치자. 꽃이 피어 있는 날을 5일쯤
이라 치면, 꽃나무에게 꽃인 시간은 365일 중 고작 5일인 셈.
인간의 평균 수명을 70년으로 치면, 우리 생에서 꽃핀 기간은

단 1년? 꽃은 인생이 아름답되 짧고, 고독하기에 연대해야 한다는 걸 깨닫게 한다. 내가 그의 이름을 불러 주고 그가 나의 이름을 불러 주면, 서로에게 꽃으로 피면, 서로를 껴안게 되는 이유일 것이다.

　그러나 늦게 부르는 이름도 있고 빨리 부르는 이름도 있다. 내 꽃임에도 내가 부르기 전에 불리기도 하고, 네 꽃임에도 기어코 내가 부르지 않기도 한다. 빛깔과 향기에 알맞은 이름을 부르는 것의 운명적 호명(呼名)이여! "하나의 몸짓"에서, 잊혀지지 않는 "하나의 눈짓"이 되는 것의 신비로움이여! 내가 본 가장 아름다운 꽃은 나를 보는 너의 눈부처 속 꽃이었으나, 내가 본 가장 무서운 꽃은 나를 등진 너의 눈부처 속 꽃이었다.

　세계일화(世界一花)랬거니, 어제도 오늘도 내일도 세계는 한 꽃이다. 만화방창(萬化方暢)이랬거니, 어제도 오늘도 내일도 세계는 꽃 천지다. 꽃이 피기 전의 정적, 이제 곧 새로운 꽃이 필 것이다. 불러라, 꽃!

사평역에서

곽재구

막차는 좀처럼 오지 않았다
대합실 밖에는 밤새 송이눈이 쌓이고
흰 보라 수수꽃 눈 시린 유리창마다
톱밥 난로가 지펴지고 있었다
그믐처럼 몇은 졸고
몇은 감기에 쿨럭이고
그리웠던 순간들을 생각하며 나는
한 줌의 톱밥을 불빛 속에 던져 주었다
내면 깊숙이 할 말들은 가득해도
청색의 손바닥을 불빛 속에 적셔 두고
모두들 아무 말도 하지 않았다
산다는 것이 때론 술에 취한 듯
한 두름의 굴비 한 광주리의 사과를
만지작거리며 귀향하는 기분으로
침묵해야 한다는 것을
모두들 알고 있었다

오래 앓은 기침 소리와
쓴 약 같은 입술 담배 연기 속에서
싸륵싸륵 눈꽃은 쌓이고
그래 지금은 모두들
눈꽃의 화음에 귀를 적신다
자정 넘으면
낯설음도 뼈아픔도 다 설원인데
단풍잎 같은 몇 잎의 차창을 달고
밤 열차는 또 어디로 흘러가는지
그리웠던 순간을 호명하며 나는
한 줌의 눈물을 불빛 속에 던져 주었다.

詩

조그만 간이역에 눈은 푹푹 내려 쌓이고, 푹푹 내려 쌓이는 눈 때문에 막차는 오지 않는다. 사람들은 대합실에서 오지 않는 막차를 기다리고 있다. 부려 둔 보따리나 꾸러미에 기대 누군가는 졸고, 누군가는 담배를 피우고, 누군가는 웅크린 채 쿨럭이기도 한다. 털모자에 점퍼를 입은 사내는 간간이 난로에 톱밥을 던져 넣으며 깊은 생각에 빠져 있다. 난로 위 주전자는 그렁그렁 끓는 소리를 내며 수증기를 내뿜고, 시계는 자정을 넘어서고…….

시대적 아픔을 아름다운 서정으로 그려 낸 곽재구 시인의 데뷔작 「사평역에서」(1981)를 읽을 때마다 나는 울컥한다. 아름다우면서 서럽고, 힘들면서도 따뜻했던 그때 그 시절의 풍경을 소중한 흑백사진처럼 남기고 있기 때문이다. 사진에는 지난 시절의 희망과 절망이 눈보라로 흩날리고 있다. 모래처럼 톱밥처럼. 그 울컥함이 소설(임철우 「사평역에서」), 드라마(TV문학관 「사평역」, 「길 위의 날들」), 노래(김현성 「사평역에서」)로 장르를 달리하며 독자들의 공감을 얻게 했으리라.

이 시는 시인이 20대에 쓴 시답게 감각과 묘사가 풋풋하다. 깜깜한 유리창에 쌓였다 녹는 눈송이들은 흰 보라 수수꽃(라일락꽃)빛이다. 사람들이 그믐처럼 졸고 있다는 표현은 절묘하다. 확 타올랐다 사그라지는 난로 속 불빛은 톱밥을 던져 넣는 청색의 손바닥과 대조를 이룬다. 간헐적으로 내뱉는 기침 소리는 "눈꽃의 화음"을 강조하고, 뿌옇게 피어올랐다 사라지는 담배 연기는 회억(回憶)처럼 떠올랐다 가라앉곤 한다.

한 줌의 톱밥을 던지는 '나'는 무슨 사연을 간직한 걸까. 기다리는 막차는 올까. 모든 역들은 어디론가 흘러가기 위한 지나감이고 경계이다. 하여 모든 역들이 고향을 꿈꾸는 것이리라. 사평은 나주 근처에 있는 조그만 마을이다. 그 사평에 사평역이 없다니. 그토록 울컥하게 했던 사평역이 어디에도 없다니. 그래서 우리를 더욱 울컥하게 하는 것이겠지만.

한 잎의 여자

오규원

나는 한 여자를 사랑했네. 물푸레나무 한 잎같이 쬐그만 여자, 그 한 잎의 여자를 사랑했네. 물푸레나무 그 한 잎의 솜털, 그 한 잎의 맑음, 그 한 잎의 영혼, 그 한 잎의 눈, 그리고 바람이 불면 보일 듯 보일 듯한 그 한 잎의 순결과 자유를 사랑했네.

정말로 나는 한 여자를 사랑했네. 여자만을 가진 여자, 여자 아닌 것은 아무것도 안 가진 여자, 여자 아니면 아무것도 아닌 여자, 눈물 같은 여자, 슬픔 같은 여자, 병신 같은 여자, 시집 같은 여자, 그러나 영원히 가질 수 없는 여자, 그래서 불행한 여자.

그러나 영원히 나 혼자 가지는 여자, 물푸레나무 그림자 같은 슬픈 여자.

詩 오규원 시인은 보통 사람이 호흡하는 산소의 20퍼센트밖에 호흡하지 못하는 '만성폐쇄성폐질환'을 앓다 2007년 겨울에 타계했다. 임종 직전 "한적한 오후다/ 불타는 오후다/ 더 잃을 것이 없는 오후다/ 나는 나무 속에서 자 본다"라는 마지막 문장을 손가락으로 제자 손바닥에 써서 남겼다.

나는 이 시를 대학교 1학년 때의 여름, 한 남학생이 보낸 대학 학보의 주소 띠지 속에서 처음 읽었다. 얼마나 많은 남자들이 얼마나 많은 여자에게 이 시를 옮겨 나르곤 했던가. 이 시는 시집 『왕자가 아닌 한 아이에게』(1978)에 실린 작품이다. 그러나 시집 『사랑의 감옥』(1991)에 3편의 연작시 중 1편으로 다시 실렸다. "언어는 추억에 걸려 있는 18세기형 모자"라는 부제가 첨가되었고, 2연의 끝 "영원히 가질 수 없는 여자"와 3연의 "영원히 나 혼자 가지는 여자"가 바뀌었다. 부제를 첨가하여 '여자'가 '언어'에 대한 은유이기도 하다는 것을, '영원히 가질 수 없는 여자'를 뒤로 배치하여 여자나 언어 모두 소유할 수 없는 존재임을 강조하였다.

나무껍질을 벗겨 물에 담그면 물빛이 푸르스름해진다고

해서 붙여진 이름 물푸레. 이 시 덕분에 한동안 물푸레나무와 그 잎이 보고 싶었던 때가 있었다. 커다란 나무에 비해 여릿하고 포릇하고 정말 '쬐그만' 둥근 잎이었다. 천생 '여자'를 닮은. 이를테면 눈물 하면 떠오르는 글썽임이라든가, 슬픔 하면 떠오르는 비릿함이라든가. 병신 하면 떠오르는 어리숙함이라든가, 시집 하면 떠오르는 아스라함이라든가…….

그런 '여자'를 반복해 나열하면 할수록, 묘사하면 할수록 '여자'의 실체는 사라지고 '여자'는 신비의 옷을 입는다. 세상의 절반이 여자다. 물푸레나무에 달린 '쬐그만' 잎처럼 하고많은 여자와 '여자'라는 보통명사를 이토록 입에 척척 달라붙도록, 혀에 휘휘 휘감기도록 구체화시켜 놓다니!

여자는 남자의 '여자'다. 남자의 엄마이고 누이이고 애인이고 아내이고 딸이다. 남자의 과거이고 미래이다. 남자의 부재이자 심연이고, 선물이자 폭력이다. 그러니 시작이고 끝이다. 그런 여자를 어찌 정의할 수 있으랴. 모두 가지지만 결코 가질 수 없는 그런 한 '여자'를 누가 가졌다 하는가.

대설주의보

최승호

해일처럼 굽이치는 백색의 산들,
제설차 한 대 올 리 없는
깊은 백색의 골짜기를 메우며
굵은 눈발은 휘몰아치고,
쬐그마한 숯덩이만 한 게 짧은 날개를 파닥이며……
굴뚝새가 눈보라 속으로 날아간다.

길 잃은 등산객들 있을 듯
외딴 두메마을 길 끊어 놓을 듯
은하수가 펑펑 쏟아져 날아오듯 덤벼드는 눈,
다투어 몰려오는 힘찬 눈보라의 군단,
눈보라가 내리는 백색의 계엄령.

쬐그마한 숯덩이만 한 게 짧은 날개를 파닥이며……
날아온다 꺼칠한 굴뚝새가
서둘러 뒷간에 몸을 감춘다.

그 어디에 부리부리한 솔개라도 도사리고 있다는 것일까.

길 잃고 굶주리는 산짐승들 있을 듯
눈더미의 무게로 소나무 가지들이 부러질 듯
다투어 몰려오는 힘찬 눈보라의 군단,
때죽나무와 때 끓이는 외딴집 굴뚝에
해일처럼 굽이치는 백색의 산과 골짜기에
눈보라가 내리는 백색의 계엄령.

詩

　눈은 어떻게 내리는가. 어디서 오는가. 어디로 사라지는가. 머언 곳에서 여인의 옷 벗는 소리로 내리는 김광균의 눈이 있는가 하면, 쌀랑쌀랑 푹푹 내리는 백석의 눈이 있다. 기침을 하자며 촉구하는 김수영의 살아 있는 눈도 있고, 희다고만 할 수 없는 김춘수의 검은 눈도 있다. 괜, 찮, 타, 괜, 찮, 타, 내리는 서정주의 눈도 있고, 갑작스러운 눈물처럼 내리는 기형도의 진눈깨비도 있다.

　그리고 여기 백색 계엄령처럼 내리는 최승호 시인의 눈이 있다. 1980년대는 누구도 부정할 수 없는 이념의 시대였고 폭압의 시대였다. 그는 「상황 판단」이라는 시에서 "굵직한/ 의무의/ 간섭의/ 통제의/ 밧줄에 끌려 다니는 무거운 발걸음./ 기차가 언제 들이닥칠지 모르는/ 터널 속처럼 불안한 시대"라고 일컬었다. 그의 시는 선명하고 섬뜩하게 '그려진다.' '관(觀)'과 '찰(察)'을 시정신의 두 기둥으로 삼고 있기 때문이다. 그는 시대와 현실을 '보면서 드러내고', 자본주의와 도시 문명을 '살피면서 사유한다.'

해일처럼 굽이치는 백색의 산골짜기에 눈은, 굵게 힘차게 그치지 않을 듯 다투어 몰려온다. 눈보라의 군단이다. 도시와 거리에는 투석이 날리고 총성이 울렸으리라. 눈은 비명과 함성을 빨아들이고 침묵을 선포했으리라. 백색의 계엄령이다. 쉴 새 없이 내림으로써 은폐하는 백색의 폭력, 어떠한 색도 허용하지 않는 백색의 공포! 그 '백색의 감옥'에는 숯덩이처럼 까맣게 탄 "꺼칠한 굴뚝새"가 있고, 굴뚝새를 덮쳐 버릴 듯 "눈보라의 군단"이 몰려오고, 그 군단 뒤로는 "부리부리한 솔개"가 도사리고 있다. 분쟁과 투쟁, 공권력 투입, 계엄령으로 점철됐던 시대 상황에 대한 알레고리이기도 하다.

 해일처럼 굽이치는 백색의 골짜기에 굵은 눈발이 휘몰아칠 때 그 눈발을 향해 날아가는 굴뚝새가 있었던가. 덤벼드는 눈발에 짧은 날개를 파닥이며 서둘러 뒷간에 몸을 감췄던가. 꺼칠한 굴뚝새의 영혼아, 살아 있다면 작지만 아름다운 네 노랫소리를 들려 다오! 다시 날 수 있다면 짧지만 따뜻한 네 날개를 펼쳐 보여 다오!

빈집

기형도

사랑을 잃고 나는 쓰네

잘 있거라, 짧았던 밤들아
창밖을 떠돌던 겨울 안개들아
아무것도 모르던 촛불들아, 잘 있거라
공포를 기다리던 흰 종이들아
망설임을 대신하던 눈물들아
잘 있거라, 더 이상 내 것이 아닌 열망들아

장님처럼 나 이제 더듬거리며 문을 잠그네
가엾은 내 사랑 빈집에 갇혔네

詩

　기형도 시인의 마지막 시다. 1989년 봄호 문예지에서 이 시를 읽었는데 그리고 일주일 후 그의 부음 소식을 접했다. 이제 막 개화하려는 스물아홉의 나이에, 삼류 심야극장의 후미진 객석에서 홀로 맞아야 했던 그의 죽음은 이 시가 없었다면 얼마나 어처구니없고 초라했을 것인가.

　어릴 적부터 살던 집에서 이사를 계획하고 썼다는 후일담도 있지만 이 시는 사랑의 상실을 노래하고 있다. 사랑으로 인해 밤은 짧았고, 짧았던 밤 내내 겨울 안개처럼 창밖을 떠돌기도 하고 촛불 아래 흰 종이를 펼쳐 놓은 채 망설이고 망설였으리라. 그 사랑을 잃었을 때 그 모든 것들은 '더 이상 내 것이 아닌 열망'이 되었으리라. 실은 그 모든 것들이 사랑의 대상이었을 것이다.

　사랑을 떠나보낸 집은 집이 아니다. 빈집이고 빈 몸이고 빈 마음이다. 잠그는 방향이 모호하기는 하지만 '문을 잠근다'는 것은 '내 사랑'으로 지칭되는 소중한 것들을 가둔다는 것이고 그 행위는 스스로에 대한 잠금이자 감금일 것이다. 사랑의 열망이 떠나 버린 '나'는 '빈집'에 다름 아니고 그 빈집이 관(棺)을 연상시키는 까닭이다. 삶에 대한 지독한 열망이 사랑이기에, 사랑의 상실은 죽음을 환기하게 되는 것일까.

"사랑을 잃고 나는 쓰네"라고 나직이 되뇌며 "더 이상 내 것이 아닌 열망들"을 하나씩 불러낸 후 그것들을 떠나보낼 때, 부름의 언어로 발설되었던 그 실연(失戀)의 언어는 시인의 너무 이른 죽음으로 실연(實演)되었던가. 죽기 일주일 전쯤 "나는 뇌졸중으로 죽을지도 몰라."라고 말했다던 그의 사인은 실제로 뇌졸중으로 추정되었다. "나의 영혼은 검은 페이지가 대부분"(「오래된 서적」)이라 했던 그가, 애써 "미안하지만 나는 이제 희망을 노래하련다"(「정거장에서의 충고」)라고 스스로를 다독이기도 했건만.

그가 소설가 성석제와 듀엣으로 불렀던 팝송 「Perhaps Love」를 들은 적이 있다. 플라시도 도밍고의 맑은 고음이 그의 몫이었다. "Perhaps, love is like a resting place……."로 시작하던 화려하면서 청량했던 그의 목소리가 떠오른다. "나의 생은 미친 듯이 사랑을 찾아 헤매었으나/ 단 한 번도 스스로를 사랑하지 않았노라"(「질투는 나의 힘」)라는 그의 독백도.

목마와 숙녀

박인환

한 잔의 술을 마시고
우리는 버지니아 울프의 생애와
목마를 타고 떠난 숙녀의 옷자락을 이야기한다
목마는 주인을 버리고 거저 방울 소리만 울리며
가을 속으로 떠났다 술병에 별이 떨어진다
상심한 별은 내 가슴에 가벼웁게 부숴진다
그러한 잠시 내가 알던 소녀는
정원의 초목 옆에서 자라고
문학이 죽고 인생이 죽고
사랑의 진리마저 애증의 그림자를 버릴 때
목마를 탄 사랑의 사람은 보이지 않는다
세월은 가고 오는 것
한때는 고립을 피하여 시들어 가고
이제 우리는 작별하여야 한다
술병이 바람에 쓰러지는 소리를 들으며
늙은 여류 작가의 눈을 바라다보아야 한다

……등대에……
불이 보이지 않아도
거저 간직한 페시미즘의 미래를 위하여
우리는 처량한 목마 소리를 기억하여야 한다
모든 것이 떠나든 죽든
거저 가슴에 남은 희미한 의식을 붙잡고
우리는 버지니아 울프의 서러운 이야기를 들어야 한다
두 개의 바위 틈을 지나 청춘을 찾은 뱀과 같이
눈을 뜨고 한 잔의 술을 마셔야 한다
인생은 외롭지도 않고
거저 잡지의 표지처럼 통속하거늘
한탄할 그 무엇이 무서워서 우리는 떠나는 것일까
목마는 하늘에 있고
방울 소리는 귓전에 철렁거리는데
가을 바람 소리는
내 쓰러진 술병 속에서 목메어 우는데

詩

시냇물 같은 목소리로 낭송했던 가수 박인희의 「목마와 숙녀」를 옮겨 적던 소녀는 이제 중년의 여류 시인이 되었다. 그리고 『등대로 To the lighthouse』를 쓴 버지니아 울프는 세계대전 한가운데서 주머니에 돌을 가득 넣고 템스 강에 뛰어들었다. "추행과 폭력이 없는 세상, 성 차별이 없는 세상에 대한 꿈을 간직하며."라는 유서를 남긴 채. 「목마와 숙녀」는 "버지니아 울프의 생애"와 "페시미즘의 미래"라는 시어가 대변하듯 6·25전쟁 이후의 황폐한 삶에 대한 절망과 허무를 드러내고 있다.

수려한 외모로 명동 백작, 댄디 보이라 불렸던 박인환 시인은 모더니즘과 조니 워커와 럭키 스트라이크를 좋아했다. 그는 이 시를 발표하고 5개월 후 세상을 떴다. 시인 이상을 추모하며 연일 계속했던 과음이 원인이었다. 이 시도 어쩐지 한 잔의 술을 마시고 일필휘지로 쓴 듯하다. 목마를 타던 어린 소녀가 숙녀가 되고, 목마는 숙녀를 버리고 방울 소리만 남긴 채 사라져 버리고, 소녀는 그 방울 소리를 추억하는 늙은 여류 작가가 되고……. 냉혹하게 "가고 오는" 세월이고, "버지니아 울프의 생애"로 요약되는 서사다.

　우리는 한 잔의 술을 마시고, 생명수를 달라며 요절했던 박인환의 생애와, 시냇물처럼 흘러가 버린 가수 박인희의 목소리와, 이미 죽은 그를 향해 "나는 인환을 가장 경멸한 사람의 한 사람이었다."라고 쓸 수밖에 없었던 김수영 시인의 애증을 이야기해야 한다. 인생은 외롭지도 않고 그저 낡은 여성지의 표지처럼 통속하거늘, 우리의 시가 조금은 감상적이고 통속적인들 어떠랴. 목마든 문학이든 인생이든 사랑의 진리든, 그 모든 것들이 떠나든 죽든, 가슴에 남은 희미한 의식을 붙잡고 바람에 쓰러지는 술병을 바라다보아야 하는 것이 우리 삶의 전모라면. 그렇게 외롭게 죽어 가는 것이 우리의 미래라면.

별들은 따뜻하다

정호승

하늘에는 눈이 있다
두려워할 것은 없다
캄캄한 겨울
눈 내린 보리밭길을 걸어가다가
새벽이 지나지 않고 밤이 올 때
내 가난의 하늘 위로 떠오른
별들은 따뜻하다

나에게
진리의 때는 이미 늦었으나
내가 용서라고 부르던 것들은
모든 거짓이었으나
북풍이 지나간 새벽 거리를 걸으며
새벽이 지나지 않고 또 밤이 올 때
내 죽음의 하늘 위로 떠오른
별들은 따뜻하다

詩

　정호승 시인만큼 노래가 된 시편들을 많이 가진 시인도 드물다. 안치환이 부른 「우리가 어느 별에서」를 비롯해 30여 편 이상이다. 그의 시편들이 민중 혹은 대중의 감성을 일깨우는 따뜻한 서정으로 충만해 있기 때문일 것이다. '따뜻한 슬픔'으로 세상을 '포옹'하는 그의 시편들을 읽노라면 좋은 서정시 한 편이 우리를 얼마나 맑게 정화시키고 깊게 위로할 수 있는지를 새삼 깨닫곤 한다.

　그는 별의 시인이다. 그것도 새벽 별의 시인이다. 별이란 단어를 그보다 더 많이 쓴 시인이 또 있을까. 그가 바라보는 별에는 피가 묻어 있기도 하고 새들이 날기도 한다. 그의 별은 강물 위에 몸을 던지기도 하고, 그 또한 별에게 죽음의 편지를 쓰기도 한다. 어쨌든 별이란 어둠 없이는 바라볼 수 없으며, 밤을 통과하지 않고는 새벽 별을 맞이할 수 없다.

　이 시는 "하늘에는 눈이 있다"라는 단언으로 시작한다. 눈은 "보리밭길"을 덮는 눈[雪]이기도 하고 "진리의 때"를 지키는 눈[眼]이기도 할 것이다. 눈 내린 보리밭길에 밤이 왔으니 "캄캄한 겨울"이겠다. 겨울의 캄캄하고 배고픈 밤은 길기도 길겠다. "가난의 하늘"이니 더욱 그러하겠다. 진리의 때가 늦고 용서가 거짓이 될 때, 북풍이 새벽 거리에 몰아치고 새벽이 다시 밤으로 이어질 때 그 하늘은 "죽음의 하늘"이겠다. 그런데 그런 하늘 위로 떠오른 별들은 얼마나 아름다울 것인가. 얼마나 따뜻할 것인가.

우리 생의 8할은 두려움과 가난과 거짓으로 점철된 어둠의 시간이다. 눈물과 탄식과 비명이 떨어진 자리에서 피어나는 꽃, 그것이 바로 별이 아닐까. "슬픔을 기다리며 사는 사람들의/ 새벽은 언제나 별들로 가득한(「슬픔을 위하여」)" 법이다. 어두운 현실에서 희망을 놓지 않으려는 시인의 의지가 '별'을 바라보게 하는 것이리라. 그래서인지 그의 시는 가장 낮은 곳에서 밝다.

눈 내리는 보리밭길에 흰 첫 별이 뜰 때부터 북풍이 지나간 새벽 거리에 푸른 마지막 별이 질 때까지, 총총한 저 별들에게 길을 물으며 캄캄한 겨울을 통과하리라. 그 별들의 반짝임과 온기야말로 우리를 신(神)에게 혹은 시(詩)에게 가까이 가게 하는 것이리라.

겨울 바다

김남조

겨울 바다에 가 보았지
미지의 새
보고 싶던 새들은 죽고 없었네

그대 생각을 했건만도
매운 해풍에
그 진실마저 눈물져 얼어 버리고
허무의 불 물이랑 위에
불붙어 있었네

나를 가르치는 건
언제나 시간
끄덕이며 끄덕이며 겨울 바다에 섰었네

남은 날은 적지만
기도를 끝낸 다음 더욱 뜨거운

기도의 문이 열리는
그런 영혼을 갖게 하소서

겨울 바다에 가 보았지
인고의 물이
수심(水深) 속에 기둥을 이루고 있었네

詩 　기도하는 사람을 본 적 있다. 새벽 교회당 구석에서, 간절히 내뻗은 자신의 두 손을 부여잡고 고개를 숙인 채였다. 소리 없이 일렁이는 가파른 등에서 겨울 바다 냄새가 났다. 지난밤 내내 뚝 끊긴 생의 절벽 앞에 서 있다 온 사람의 등이었다. 인간은 기도할 줄 아는 사람과 기도할 줄 모르는 사람으로 구분되는지도 모른다.

　우리는 누구나 가슴에 새를 품고 산다. 미지라는 한 마리 새를. 삶에 대한 자신의 의지 혹은 희망을 우리는 그렇게 부르는 것이리라. 그 새를 잊지 않고 간직한 사람은 미지의 미래를 향해 나아가고 있는 자이다. 그러나 미래의 새를 잃어버린 사람은 "겨울 바다" 앞에 서기도 한다. 그곳은 절망의 끝 혹은 허무의 끝일 것이다.

　보고 싶던 미지의 새들은 죽어 있고 매운 바닷바람에 진실마저 눈물져 얼어버린, 허무라는 마음의 불[心火]로 불붙은 겨울 바다. 그 죽음의 공간에서 시인은 시간의 힘을 깨닫는다. 시간은 모든 걸 해결해 준다는 말도, 세월이 약이라는 말도, 내일은 내일의 태양이 뜬다는 말도 있지 않은가. 우리를 맑게 깨우치고 우리를 키우는 건 세상을 향해 "끄덕이게" 하는 보이지 않는 시간이다.

  기도는 시간을 견뎌 내는 데서 비롯된다. "기도를 끝낸 다음/ 더욱 뜨거운 기도의 문이 열리는/그런 영혼"을 갖게 해 달라는 심혼(心魂)의 기도는, 저 차디찬 바다를 수직으로 관통하는 '인고의 물기둥'을 세우는 일이었으리라. "허무의 불"을 "인고의 물"로 버텨 내는 것이야말로 시간의 힘이고 기도의 힘이다.

  김남조 시인은 기도하는 시인이다. 팔순을 맞이하여 어언 60여 년의 시력(詩歷)으로 간구해 온 그의 시편들은 사랑과 생명과 구원으로 충만한 기도들이다. "혼자는 아니다./ 누구도 혼자는 아니다./ 나도 아니다./ 실상 하늘 아래 외톨이로서 보는 날도/ 하늘만은 함께 있어 주지 않던가.// 삶은 언제나/ 은총의 돌층계의 어디쯤이다./ 사랑도 매양/ 섭리의 자갈밭의 어디쯤이다."(「설일(雪日)」)를 낭독하는, 떨리는 듯한 그러나 결기 있는, 시인의 목소리가 떠오른다.

귀천

천상병

나 하늘로 돌아가리라
새벽빛 와 닿으면 스러지는
이슬 더불어 손에 손을 잡고,

나 하늘로 돌아가리라
노을빛 함께 단둘이서
기슭에서 놀다가 구름 손짓하면은,

나 하늘로 돌아가리라
아름다운 이 세상 소풍 끝내는 날,
가서, 아름다웠더라고 말하리라……

詩

영화 「박하사탕」에서, 돌아갈 곳 없는 설경구는 철교 위에서 하늘을 향해 절규한다. "나 다시 돌아갈래!"라고. 그러나 돌아갈 곳이 있는 사람은 '빽'이 있는 사람이다. 그 '빽'이 하늘이라면 그는 천하무적으로 세상을 주유(周遊)하는 사람이다. 하늘을 믿으니 이 땅에서는 깨끗한 빈손일 것이다. 하늘을 믿는데 들고 달고 품고 다닐 리 없다. 그러니 새벽빛에 스러지는 이슬이나, 저물녘 한때의 노을이나, 흘러가고 흘러가는 구름의 손짓 등속과 한패일밖에.

"막걸리를 좋아하는데/ 아내가 다 사 주니 무슨 불평이 있겠는가./ 더구나 하나님을 굳게 믿으니/ 이 우주에서 가장 강력한 분이 나의 빽이시니/ 무슨 불행이 온단 말인가"라며 스스로를 '세계에서 제일 행복한 사나이'(「행복」)라 일컬었던, 왼쪽 얼굴로는 늘 울고 있던 시인 천상병! 「귀천」은 1970년 발표 당시에는 '주일(主日)'이라는 부제가 달려 있었다.

그의 시는 생(生)의 바다을 쳐 본 사람들이 갖는 순도 높은 미덕을 고스란히 담고 있다. 그의 시는 힘주지 않고 장식하지 않고 다듬지 않는다. '단순성으로 하여 더 성숙한 시'라 했던가. 이 시에서도 그는 인생이니 삶이니 사랑이니 죽음이니 하는 말을 쓰지 않는다. 그러니 우리도 무욕이니 초월이니 달관이니 관조니 하는 말로 설명하지 말자. 이슬이랑 노을이랑 구름이랑 손잡고 가는 잠깐 동안의 소풍이 아름답지 않을 이유가 있겠는가. 그런 소풍을 마치고 돌아가는 길이 가볍지 않을 이유가 있겠는가. 그러니 소풍처럼 살다 갈 뿐.

그의 삶은 파란만장했다. 전도유망한 젊은이였으나 '동백림 사건'(1967)에 연루되어 옥고를 치르고 심한 고문을 받았다. 그 후유증은 음주벽과 영양실조로 나타났으며 급기야 행려병자로 쓰러져 정신병원에 수감되었다. 그가 죽었다고 판단한 친지들에 의해 유고 시집 『새』(1968)가 발간되었는데, 그 후로도 그는 천진난만하게 25년을 더 살다 갔다. "외롭게 살다 외롭게 죽을/ 내 영혼의 빈 터에/ 새날이 와, 새가 울고 꽃잎 필 때는./ 내가 죽는 날/ 그 다음 날"이라고 노래했던 그는 분명 새가 되었을 것이다. 가난하고 외롭게 살다 갔으니, 자유롭고 가벼운 새의 영혼으로 다시 태어났을 것이다. "살아서/ 좋은 일도 있었다고/ 나쁜 일도 있었다고/ 그렇게 우는 한 마리 새"(「새」)!

남신의주 유동 박시봉방
(南新義州 柳洞 朴時逢方)

백석

어느 사이에 나는 아내도 없고, 또,
아내와 같이 살던 집도 없어지고,
그리고 살뜰한 부모며 동생들과도 멀리 떨어져서,
그 어느 바람 세인 쓸쓸한 거리 끝에 헤매이었다.
바로 날도 저물어서,
바람은 더욱 세게 불고, 추위는 점점 더해 오는데,
나는 어느 목수네 집 헌 샅을 깐,
한 방에 들어서 쥔을 붙이었다.
이리하여 나는 이 습내 나는 춥고, 누긋한 방에서,
낮이나 밤이나 나는 나 혼자도 너무 많은 것같이 생각하며,
딜옹배기에 북덕불이라도 담겨 오면,
이것을 안고 손을 쬐며 재 우에 뜻없이 글자를 쓰기도 하며,
또 문밖에 나가디두 않구 자리에 누어서,

머리에 손깍지벼개를 하고 굴기도 하면서,

나는 내 슬픔이며 어리석음이며를 소처럼 연하여 쌔김질 하는 것이었다.

내 가슴이 꽉 메어 올 적이며,

내 눈에 뜨거운 것이 핑 괴일 적이며,

또 내 스스로 화끈 낯이 붉도록 부끄러울 적이며,

나는 내 슬픔과 어리석음에 눌리어 죽을 수밖에 없는 것을 느끼는 것이었다.

그러나 잠시 뒤에 나는 고개를 들어,

허연 문창을 바라보든가 또 눈을 떠서 높은 턴정을 쳐다 보는 것인데,

이때 나는 내 뜻이며 힘으로, 나를 이끌어 가는 것이 힘든 일인 것을 생각하고,

이것들보다 더 크고, 높은 것이 있어서, 나를 마음대로 굴려 가는 것을 생각하는 것인데,

이렇게 하여 여러 날이 지나는 동안에,

내 어지러운 마음에는 슬픔이며, 한탄이며, 가라앉을 것은 차츰 앙금이 되어 가라앉고,

외로운 생각만이 드는 때쯤 해서는,

더러 나줏손에 쌀랑쌀랑 싸락눈이 와서 문창을 치기도 하는 때도 있는데,

나는 이런 저녁에는 화로를 더욱 다가 끼며, 무릎을 꿇어 보며,

어니 먼 산 뒷옆에 바우섶에 따로 외로이 서서,

어두어 오는데 하이야니 눈을 맞을, 그 마른 잎새에는,

쌀랑쌀랑 소리도 나며 눈을 맞을,

그 드물다는 굳고 정한 갈매나무라는 나무를 생각하는 것이었다.

詩 평북 정주 하면 소월이 있고 백석이 있다. 1988년의 월북 시인 해금 조치 이후 '백석 붐'이라는 말이 생겨날 정도로 백석 시인은 많은 사랑을 받고 있다. 현대시에서 드물었던 북방 정서와 북방 언어의 한 정점을 보여 주기 때문일 것이다. 이 시는 그의 절친한 친구가 소장하고 있다가 1948년에 발표했다. 분단과 월북 이전에 발표된 백석의 마지막 작품이다. '남신의주 유동에 있는 박시봉(집) 앞'이라는 제목의 뜻에 주목해 볼 때, 누군가에게(혹은 스스로에게) 편지 형식으로 보낸 고백시가 아니었을까 짐작된다. 그래서일까. 소리 내어 읽노라면 그가 나직이 말을 건네는 듯 "가슴이 꽉 메어"오고 "눈에 뜨거운 것이 핑 괴"이곤 한다.

'나'라는 맨 얼굴의 시어나, '-이며' '-해서' '-인데'와 같은 나열 혹은 연결어미나, '것이었다'라는 종결어미 등의 반복이 내뿜고 있는 독특한 산문적 리듬이야말로 이 시의 백미다. "내 슬픔이며 어리석음이며를 소처럼 연하여 쌔김질" 한다는 직유며, "내 슬픔과 어리석음에 눌리어 죽을 수밖에 없"다는 직설이며, "나는 나 혼자도 너무 많은 것 같"다는 역설 등 사무치지 않는 구절이 없다. '이' 습내 나는 춥고 누긋한 방에서 '그' 드물다는 굳고 정한 갈매나무를 생각하기까지의 의연한 회복 과정이 유장한 리듬과 어우러져 한 편의 인생 서사를 떠올리게 한다.

 1942년 일본 시인 노리다케 가즈오는, 기자와 교사 생활을 작파하고 만주에서 허드렛일을 하며 '가난하고 외롭고 높고 쓸쓸'히 살고 있던 그를 찾아간다. 그는 가즈오에게 「나 취했노라」라는 시를 헌정했다. 20년 후 가즈오는 "파를 드리운 백석./ 백이라는 성에, 석이라고 불리는 이름의 시인./ 나도 쉰세 살이 되어서 파를 드리워 보았네."(「파」)라는 시를 그에게 헌정했다. 밥을 끓이던 중이었을까. 파를 들고 우두커니 서 있었을 그를 생각한다. 쌀랑쌀랑 소리를 내며 싸락눈을 맞는다는, 이름만으로도 가슴 뻐근한 그의 갈매나무를 생각한다.

잘 익은 사과

김혜순

백 마리 여치가 한꺼번에 우는 소리
내 자전거 바퀴가 치르르치르르 도는 소리
보랏빛 가을 찬바람이 정미소에 실려 온 나락들처럼
바퀴살 아래에서 자꾸만 빻아지는 소리
처녀 엄마의 눈물만 받아먹고 살다가
유모차에 실려 먼 나라로 입양 가는
아가의 뺨보다 더 차가운 한 송이 구름이
하늘에서 내려와 내 손등을 덮어 주고 가네요
그 작은 구름에게선 천 년 동안 아직도
아가인 그 사람의 냄새가 나네요
내 자전거 바퀴는 골목의 모퉁이를 만날 때마다
둥글게 둥글게 길을 깎아 내고 있어요
그럴 때마다 나 돌아온 고향 마을만큼
큰 사과가 소리 없이 깎이고 있네요
구멍가게 노망든 할머니가 평상에 앉아
그렇게 큰 사과를 숟가락으로 파내서
잇몸으로 오물오물 잘도 잡수시네요

詩

　　여름 여치가 운다. '나'는 자전거를 타고 달린다. 가을 정미소를 지난다. 차가운 (겨울) 구름이 떠 있다. 그렇게 자전거는 골목 모퉁이를 돈다. (아가였던) 할머니가 구멍가게 평상에 앉아 있다. 「잘 익은 사과」는 이런 일상적인 풍경을 다채로운 감각의 성찬으로 펼쳐 놓고 있다.
　　백 마리의 여치 울음소리는 자전거의 바퀴 도는 소리, 정미소에서 나락 빻는 소리와 겹쳐진다. 처녀 엄마가 낳은 입양 가는 아가의 뺨은 구름의 차가움으로 전이되고, 그 구름은 천 년 동안 아가인 그 사람의 냄새로 확장된다. 고향 마을은 금세 큰 사과로 축소되고, 마을을 달리는 자전거 바퀴는 사과를 깎는 칼날 소리로 변환된다. 차르르차르르 (사각사각)!
　　자전거 바퀴가 둥글게 길을 깎아 내고 그때마다 고향 마을만큼이나 큰 사과가 깎인다는 발상과 그 큰 사과를 노망든 할머니가 숟가락으로 파내 잇몸으로 오물오물 잡수신다는 발상은 사뭇 신화적이면서 동화적이다. 노망든 할머니가 숟가락으로 야금야금 파먹는 사과는 시간의 신(神)이 돌리는 물레의 실타래에 비견할 만하다. 기발하면서도 유쾌하다. 아가, 처녀 엄마, 할머니로 숨 가쁘게 이동하는 시간을 "천 년 동안 아직도 아가인 그 사람"으로 정지시켜 놓는 것도 흥미롭다.

차르르차르르 돌던 한 세월이 발갛게 잘 익었겠다. 누군가 고향 마을에서 그 한 세월을 잘 놀다 갔겠다. 껍질이 홀라당 깎인 노르스름한 사과 속살 같았겠다. 군침 가득 돌았겠다. 그렇다면 이 구멍가게 노망든 할머니는 "밤낮을 만드시고 이 지구를 세세년년토록 운항하시는" "숫자 나라의 시간 윤전기 노동자인 우리들 앞에서/ 감독을 게을리하신 적이 한 번도 없으신", "세상의 모든 달력 공장 공장장님"을 낳은 바로 그 처녀 엄마 아니었을까.

김혜순 시인은 1980년대를 대표하는 여성 시인이다. 그는 겹침의 시학을 즐겨 구사한다. 시간과 공간을 확장시키는가 하면 수축시키고, 감각과 시점을 겹쳐 놓는가 하면 뚝 떨어뜨려 놓는다. 여성의 환상적 내면을 몸의 감각과 경험으로 그려냄으로써 일견 초현실주의적 색채를 떠올리게 한다. 그를 최근 유행하는 '환상시'의 대모(大母)라 불러도 무방하리라.

광야

이육사

까마득한 날에
하늘이 처음 열리고
어디 닭 우는 소리 들렸으랴

모든 산맥들이
바다를 연모해 휘달릴 때도
차마 이곳을 범하진 못하였으리라

끊임없는 광음(光陰)을
부지런한 계절이 피어선 지고
큰 강물이 비로소 길을 열었다

지금 눈 내리고
매화 향기 홀로 아득하니
내 여기 가난한 노래의 씨를 뿌려라

다시 천고(千古)의 뒤에
백마 타고 오는 초인이 있어
이 광야에서 목놓아 부르게 하리라

詩

시집 한 권으로 '현대시 100년'에 길이 남은 시인들이 많다. 김소월, 한용운, 김영랑 시인이 그렇다. 특히 유고 시집 한 권으로 길이 남은 시인들도 있으니 이상화, 이상, 윤동주, 기형도 그리고 여기 이육사 시인이 그렇다. 그의 이름 앞에는 많은 수식이 따라다닌다. 지사(志士), 독립투사, 혁명가, 아나키스트, 테러리스트, 의열단 단원 등. 1928년 조선은행 대구지점 폭파 계획을 세웠으나 사전에 발각되어 수감되었을 때 수인 번호가 264(혹은 64), 이를 '대륙의 역사'라는 뜻의 한자 '육사(陸史)'로 바꾸었다고 한다. 그가 어떤 항일운동을 했는지 자세히 알 수는 없다. 단지 17회 정도 감옥을 들락거리며 심한 고문을 받았다는 것, 만주·북경 등지를 부단히 왕래했다는 것, 북경 감옥에서 마흔의 나이로 옥사했다는 것 정도.

닭 울음소리가 들렸다는 것인지 안 들렸다는 것인지, 초인이 있을 거라는 것인지 초인이 있기 때문이라는 것인지, 이 광야에 목놓아 부르는 사람이 초인인지 나인지, 초인을 목놓아 부르는 것인지 노래를 목놓아 부르는 것인지, 백마 타고 오는 초인은 왜 천고(千古)의 뒤에야 오는 것인지 해석이 애매한 부분이 많은데도 이 시가 이토록 많은 사랑을 받는 이유는 무엇일까.

　하늘이 처음 열렸던 날부터 다시 천고 후까지, 휘달리던 산맥들도 범하지 못했으며 큰 강물이 비로소 길을 열어 준 이곳! 이 신성불가침의 시공간 속에서 흰 눈과 흰 말〔馬〕, 매화 향기와 초인의 이미지는 돌올하다. 특히 까마득한 날부터 천고 뒤로 이어지는 대서사적 시제와 감탄하고 묻고 명령하는 극적인 어조에서 '광야'의 고결한 미감과 강렬한 정서는 한결 고무된다. 웅대하다는 말, 장엄하다는 말이 이만큼 어울리는 시도 드물 것이다.

　감옥에서 남긴 것으로 추정되는 유시「꽃」에서도 "동방은 하늘도 다 끝나고/ 비 한 방울 내리잖는 그때에도/ 오히려 꽃은 빨갛게 피지 않는가 (……) 오늘 내 여기서 너를 불러 보노라"라고 노래했다. 오천 년의 역사가 시작된 이 광야에서, 지금-여기의 눈보라 치는 겨울 추위를 이겨 내고 찬란한 꽃을 피울 미래의 그날을 떠올려 본다. 시인이 기꺼이 가난한 노래의 씨를 뿌렸던 이유일 것이다. 기름을 바른 단정한 머리에 늘 조용조용 말하고 행동했다는, 올곧은 시인이 올곧은 삶 속에서 일구어 낸 참 올곧은 시다.

성탄제

김종길

어두운 방 안엔
바알간 숯불이 피고,
외로이 늙으신 할머니가
애처로이 잦아지는 어린 목숨을 지키고 계시었다.

이윽고 눈 속을
아버지가 약을 가지고 돌아오시었다.

아 아버지가 눈을 헤치고 따 오신
그 붉은 산수유 열매—

나는 한 마리 어린 짐생,
젊은 아버지의 서느런 옷자락에
열로 상기한 볼을 말없이 부비는 것이었다.

이따금 뒷문을 눈이 치고 있었다.

그날 밤이 어쩌면 성탄제의 밤이었을지도 모른다.

어느새 나도
그때의 아버지만큼 나이를 먹었다.

옛것이란 거의 찾아볼 길 없는
성탄제 가까운 도시에는
이제 반가운 그 옛날의 것이 내리는데,

서러운 서른 살 나의 이마에
불현듯 아버지의 서느런 옷자락을 느끼는 것은,

눈 속에 따 오신 산수유 붉은 알알이
아직도 내 혈액 속에 녹아 흐르는 까닭일까.

詩

　　김종길 시인의 「성탄제」를 읽는 일은 내게 유년의 흑백사진을 보는 일처럼 애틋하고 살가운 일이다. 겨울밤, 열에 시달리며 칭얼대던 어린 내게 아버지의 코트 자락은 서늘했다. 겉옷을 벗으신 아버지는 물에 만 밥 한 숟갈 위에 찢은 김치를 씻어 올려놓으시고는 아, 아, 하셨다. 하얀 가루약도 그렇게 먹이셨다. 어머니가 방을 치우고 이부자리를 펴는 사이 오래오래 나를 업고 계셨다.

　　산수유 열매는 고열에 약효가 있다. 열에 시달리는 어린 것을 위해 산수유 열매를 찾아 눈 덮인 산을 헤매셨을 아버지의 발걸음은 얼마나 초조했을까. 할머니가 어머니의 부재를 대신하고 있으니 아버지 속은 얼마나 더 애련했을까. 흰 눈을 헤치고 따 오신 산수유 열매는 혹한을 견디느라 또 얼마나 안으로 말려 있었을까. 눈 속의 붉은 산수유 열매는, 바알간 숯불과 혈액과 더불어 성탄일의 빨간 포인세티아를 떠올리게 한다. 아버지가 찾아 헤매셨던, 탄생과 축복과 생명과 거룩을 염원하는 빛깔이다. 생을 치유할 수 있는 약(藥)의 이미지다.

　　김종길 시인은 명망 있는 유학자 집안의 후예다. 한학과

한시에도 조예가 깊었던 그가 선택한 전공은 영문학이었다. 우리나라에 영미시와 시론, 특히 이미지즘을 소개하는 데 선구적 역할을 했다. 유가적 전통과 이미지즘이 어우러진 그의 시는 명징한 이미지, 절제된 표현, 선명한 주제 의식을 그 특징으로 삼고 있다. 이를 일컬어 '점잖음의 미학'이라 했던가.

차가운 산수유 열매와 아버지의 서느런 옷자락이 어린것의 열을 내리게 했을 것이다. 특히 산수유, 서느런, 성탄제, 숯불, 서러운 서른 살의 'ㅅ' 음이 서늘한 청량제 역할을 한다. 그 서늘한 청량제 속 따스한 혈맥이 우리네 가족애일 것이다. 그 따스함은 "오늘 아침/ 따뜻한 한 잔 술과/ 한 그릇 국을 앞에 하였거든/ 그것만으로도 푸지고/ 고마운 것이라 생각하라.// 세상은/ 험난하고 각박하다지만/ 그러나 세상은 살 만한 곳"이라는 그의 시 「설날 아침에」에서도 만날 수 있다. 한 잔 술과 한 그릇 국, 그것만으로도 푸지고 고마운 마음으로 설날 아침을 맞이하자. 매운 추위 속에서 한 해가 가고 또 올지라도 "어린것들 잇몸에 돋아나는 고운 이빨"을 보듯 맞이하자. 그 한가운데 가족이 있음을 기억하자.

혼자 가는 먼 집

허수경

당신……, 당신이라는 말 참 좋지요, 그래서 불러 봅니다 킥킥거리며 한때 적요로움의 울음이 있었던 때, 한 슬픔이 문을 닫으면 또 한 슬픔이 문을 여는 것을 이만큼 살아옴의 상처에 기대, 나 킥킥……, 당신을 부릅니다 단풍의 손바닥, 은행의 두 갈래 그리고 합침 저 개망초의 시름, 밟힌 풀의 흙으로 돌아감 당신……, 킥킥거리며 세월에 대해 혹은 사랑과 상처, 상처의 몸이 나에게 기대 와 저를 부빌 때 당신……, 그대라는 자연의 달이 나에게 기대 와 저를 부빌 때 당신……, 그대라는 자연의 달과 별……, 킥킥거리며 당신이라고……, 금방 울 것 같은 사내의 아름다움 그 아름다움에 기대 마음의 무덤에 나 벌초하러 진설 음식도 없이 맨 술 한 병 차고 병자처럼, 그러나 치병과 환후는 각각 따로인 것을 킥킥 당신 이쁜 당신……, 당신이라는 말 참 좋지요, 내가 아니라서 끝내 버릴 수 없는, 무를 수도 없는 참혹……, 그러나 킥킥 당신

詩

'그대'는 어떻게 '당신'이 되는가. 허수경 시인은 "그대라는 자연의 달이 나에게 기대 와 저를 부빌 때"라고 한다. '사내'가 아름다울 때 그리고 그 아름다움에 기댈 수 있을 때 '당신'이 되기도 한다. 부빈다는 것, 그것은 다정(多情)이고 병(病)이기도 할 것이다. 나는 병자처럼 당신을 묻은 마음의 무덤에 벌초하러 간다. 사실은 슬픔으로 이어진 "살아옴의 상처"와, 금방 울 것 같은 "사내의 아름다움"을 추억하며 한 병의 맨 술을 마시는 중이리라. 백수광부처럼 돌아올 수 없는 강을 훌쩍 건너가 버린 당신! 당신이 먼저 당도해 버린 그곳은 나 또한 혼자서 가야 할 먼 집이다. 그러니 남겨진 나는 참혹할밖에.

참혹은 '당신'으로 상징되는 모든 것들이 불러일으키는 총체적 참혹이다. 사랑을 떠나보낸 실연의 참혹, 아버지를 여읜 망부의 참혹, 신념을 잃은 한 시대의 참혹. 끝내 버릴 수 없고 무를 수도 없는, 죄다 마음에 묻어야 하는 참혹이다. 그런 당신을 웃으면서 울면서 혹은 취해서 부르는 이 시의 언어는 언어 이전이거나 언어 이후다. 단속적인 말줄임표와 쉼표, 어쩔 수 없이 새어 나오는 '킥킥'이라는 의성어에는, 참혹인 줄 알면서도 참혹에 뛰어들 수밖에 없는 자의 내면 풍경이 고스란히 드러나 있다.

나와 당신, 사랑의 마음과 마음의 무덤, 환후와 치병이 '각각 따로'이기에, 당신과 함께했던 세월과 사랑과 상처와 그 상처의 몸이 모두 적요이고 울음이다. 그런 울음을 짊어지고 가는 시인, 세간의 혼몽을 잘 먹고 노래하는 시인이야말로 자신의 불우함을 다해 노래하는 시인의 지복(至福)일 터, 이 시는 그 지복의 한 자락을 걸쳐 입고 있다.

허수경 시인은 울음 같은, 비명 같은, 취생몽사 같은 시집 『혼자 가는 먼 집』을 낸 직후 독일로 휘리릭 날아가 버렸다. 1990년대 초반이었고, 시인의 생부가 돌아가시고 난 직후였다. 동안(童顔)에, 대책 없는 맨몸이었다. 고고학을 공부한다 했다. 잘 살고 있다고 했다. 독일로 날아간 지 벌써 16년째다. 당신…… 당신이라는 말은 언제 불러도 참 좋다, 그리고 참 참혹하다, 킥킥 당신…….

저녁의 염전

김경주

죽은 사람을 물가로 질질 끌고 가듯이

염전의 어둠은 온다

섬의 그늘들이 바람에 실려 온다

물 안에 스며 있는 물고기들,

흰 눈이 수면에 번지고 있다

폐선의 유리창으로 비치는 물속의 어둠

선실 바닥엔 어린 갈매기들이 웅크렸던 얼룩,

비늘들을 벗고 있는 물의 저녁이 있다

멀리 상갓집 밤불에 구름이 쇄골을 비친다

밀물이 번지는 염전을 보러 오는 눈들은

저녁에 하얗게 증발한다

다친 말에 돌을 놓아

물속에 가라앉히고 온 사람처럼

여기서 화폭이 퍼지고 저 바람이 그려졌으리라

희디흰 물소리, 죽은 자들의 언어 같은,

빛도 닿지 않는 바다 속을 그 소리의 영혼이라 부르면 안 되나

노을이 물을 건너가는 것이 아니라 노을 속으로 물이 건너가는 것이다

　몇천 년을 물속에서 울렁이던 쓴 빛들을 본다

　물의 내장을 본다

詩

바닷물을 끌어다가 사흘 정도 가둬 두면 바다에 소금 알갱이가 뭉치기 시작한다. 소금이 '오는' 것이다. 가만히 고인 바닷물이 제 안의 소금을 응결시키고 있는 저녁의 염전을 볼 때면 마음이 쓸쓸해지곤 한다. 스러지는 햇빛, 슬어 가는 어둠, 남루한 생의 얼룩, 비늘 같은 욕망의 흔적, 서늘한 죽음의 그늘…… 흩어져 있던 그리 어두컴컴한 것들이 가라앉곤 했던가.

흰 눈이 내리는가 싶더니 상갓집 밤불처럼 노을이 내리는 염전. 그곳에서 시인은 소금의 소리, 즉 "죽은 자들의 언어"와 같은 그 "희디흰 물소리"를 듣는다. 그리고 소금의 빛, 그 "몇천 년을 물속에서 울렁이던 쓴 빛"을 본다. 소금의 근원인 "빛도 닿지 않는 바다 속"은 모든 생명의 시원이자 종말이다. 그러니까 존재의 끝과 시작을 듣고 보는 셈이다. 우리의 내장이 이리 어둡고 이리 쓴 이유일 것이다. 물의 내장이 그러하고, 생의 내장이 그러한 것처럼.

노을 속으로 바닷물이 건너가는 염전에 서면 죽음과 소멸을 견뎌 내는 법을 배우는 것만 같다. 실리고, 스미고, 비치고, 번지고, 가라앉고, 퍼지는 술어의 움직임 속에서 하얗게 증발하는 허공 속 흰 눈같이. 아니 깊은 바다 속 소리의 영혼같이, 아니 아니 온갖 사랑이 밀려왔다 밀려간 사람 속 쓰디쓴 내장같이. "나 없는 변방에서 나오는 그 시간이 지금 내 영혼이다 나는 지금 이 세상에 없는 계절이다"(「부재중」)라는 그의 시 구절이 떠오른다.

김경주 시인은 젊다. 2003년에 등단하여 2007년에 첫 시집을 냈으니 시력 또한 젊다. 한 시인은 "이 무시무시한 시인의 등장은 한국 문학의 축복이자 저주다."라고 단언하기도 했다. 스무 살 이후 이 대학 저 대학에서 이 공부 저 공부를 하며 밥벌이를 위해 대필 작가, 학원 강사, 광고 일, '야설' 작가까지 했다는 기이한 이력이 인상적이었던가. 여행, 사진, 에세이, 영화, 연극을 넘나드는 전방위적 재능이 또 신인류(!)적이었던가.

그릇 1

오세영

깨진 그릇은
칼날이 된다.

절제와 균형의 중심에서
빗나간 힘,
부서진 원은 모를 세우고
이성의 차가운
눈을 뜨게 한다.

맹목의 사랑을 노리는
사금파리여,
지금 나는 맨발이다.
베어지기를 기다리는
살이다.
상처 깊숙이서 성숙하는 혼

깨진 그릇은
칼날이 된다.
무엇이나 깨진 것은
칼이 된다.

詩

 시력 44년을 맞는 오세영 시인은 문학평론가이자 국문학 박사이자 교수로서 시작과 평론과 시학 연구를 병행해 왔다. 지금까지 17권의 시집으로 출간된 그의 시들은 물질과 정신, 문명과 자연, 철학적 지성과 감성적 정서가 상응하는 '잘 빚어진' 서정시를 견지하고 있다. 이를 '전통의 토대 위에 형성된 철학화된 서정시' 혹은 '모순의 시학'이라 했던가.

 일찍이 노자는 말했다. 도(道)는 빈 그릇과 같다고. 얼마든지 퍼내서 사용할 수 있고, 언제나 넘치는 일이 없고, 깊고 멀어서 천지 만물의 근원을 이루고 있기 때문이라고. 그릇은 본디 하나인데 그 하나로 인해 안과 밖이 나뉘고, 그릇에게는 밖인데 그 밖이 안을 품고 있고, 비어 있음으로 다른 것을 채운다. 그릇에 대한 시인의 통찰은 여기서 한 걸음 더 나아가, "절제와 균형"으로 '그릇' 됨을 유지하고 있던 그 그릇의 '깨짐'에 주목한다.

 깨진다는 것은 긴장하고 날카로워진다는 것이다. 모와 날을 세운다는 것이다. 겨냥하고 노린다는 것이다. 때로 상처를 내고 피를 부르기도 한다. 그릇은 비어 있음으로 충만한 둥긂의 세계지만, 언제나 깨질 위기에 처해 있고 깨졌을 때 그 이면을 드러낸다. 그러한 파괴는 이전을 벗음으로써 이후를 여는 파탈(擺脫)이 된다. 스스로뿐 아니라 타자의 파탈을 이끌기도 한다. 스스로뿐 아니라 타자를 상처 냄으로써 상처 깊숙한 곳에서 혼의 성숙을 이끌기도 한다.

그러므로 깨진 그릇이야말로 끝이면서 시작이다. 시작의 '눈뜸'은 바로 끝의 '깨짐'과 한 몸을 이룬다. 때문에 시인에게 '깨진다는 것'은 갇히기를 거부하는 움직임이다. 공간을 뛰쳐나온 존재의 환희다. 빈 공간이며 허공이고 무(無)다. "깨지는 그릇./ 자리에서 밀린 그릇은/ 차라리 깨진다./ 깨짐으로써 본분을 지키는/ 살아 있는 흙./ 살아 있다는 것은/ 스스로 깨진다는 것이다"(「살아 있는 흙—그릇 14」). 흙이 되기 위하여 흙으로 빚어진 '모순의 그릇', 깨져서 새롭게 완성되는 '깨진 그릇'이야말로 오세영 시인의 가장 개성적인 개인 상징이라 할 만하다.

문의(文義)*마을에 가서

고은

겨울 문의(文義)에 가서 보았다.
거기까지 닿은 길이
몇 갈래의 길과
가까스로 만나는 것을.
죽음은 죽음만큼 길이 적막하기를 바란다.
마른 소리로 한 번씩 귀를 닫고
길들은 저마다 추운 소백산맥 쪽으로 벋는구나.
그러나 삶은 길에서 돌아가
잠든 마을에 재를 날리고
문득 팔짱 끼어서
먼 산이 너무 가깝구나.
눈이여 죽음을 덮고 또 무엇을 덮겠느냐.

겨울 문의에 가서 보았다.
죽음이 삶을 꽉 껴안은 채
한 죽음을 받는 것을.

끝까지 사절하다가
죽음은 인기척을 듣고
저만큼 가서 뒤를 돌아다본다.
모든 것은 낮아서
이 세상에 눈이 내리고
아무리 돌을 던져도 죽음에 맞지 않는다.
겨울 문의여 눈이 죽음을 덮고 또 무엇을 덮겠느냐.

* 충북 청원군의 한 마을.

詩 중학생 때 길에서 주운 한하운 시집을 읽고 시인이 되기로 결심했다는 시인. 해마다 노벨문학상 후보로 거론되고 있는 시인. 출가와 환속, 숱한 기행, 폐결핵, 자살 시도, 반독재 민주화 운동 등 열정적인 삶을 살아온 시인. 시, 소설, 평론, 평전, 번역, 수필 등 150여 권에 이르는 신화적 글쓰기로 유명한 시인. "젊은 시인들이여 술을 마셔라."라고 일갈하는 말술의 시인. 격정적인 시 낭송이 일품인 시인. 낭만적인 허무의식에서, 역사와 민중에 대한 첨예한 현실 인식으로, 그리고 선적(禪的) 초월의식으로 시적 변모를 거듭해 온 시인. 올해로 등단 반세기를 맞이하는 시인. 여러 의미로 고은 시인은 '큰' 시인임에 분명하다.

　이 시는 신동문 시인의 모친상을 조문하러 문의에 가서 쓴 시라고 알려져 있다. '문(文)'과 '의(義)'의 마을, 문사(文士) 혹은 지사(志士)들이 꿈꾸었을 유토피아적 상상력을 자극하는 지명이다.(실제 문의마을은 1980년 대청댐 담수로 수몰되었으며 그 일부가 문의문화재단지에 복원되었다.) 문의

마을에 눈은 만났다가 갈라지기를 거듭하는 삶과 죽음, 산과 들, 마을과 길의 경계를 덮으며 내린다. 경계를 덮으며 내리는 눈은 온 세상을 낮게 그리고 가깝게 만들고, 적막하게 그리고 서로를 껴안아 주고 받아 줄 듯 내린다. 시인에게 그 눈은 죽음처럼 내리는 것이다. 우리 삶 속의 죽음처럼.

그의 다른 시 "싸락눈이 내려서/ 돌아다보면 여기저기 저승"(「작은 노래」), "쌓이는 눈더미 앞에/ 나의 마음은 어둠이 노라"(「눈길」)라는 시에서도 눈은 '대지의 고백'이나 '위대한 적막'처럼 내린다. 한 평자는 그러한 눈을 '아름다운 허무'라고도 했다. 그러나 눈은 금세 내리고 금세 녹아 버리듯, 우리가 삶에서 죽음의 의미를 깨닫기란 높고 먼 일이다. 상여(喪輿)의 길처럼, 마을에서 산에 이르는 길은 삶에서 죽음에 이르는 길이다. 겨울 문의마을에 가서 시인이 본 것은 그 길이 '가까스로 만난'다는 것이고, 너무 가깝다는 것이다. 모든 것을 덮으며, 가깝게 낮게 내리는 눈 때문에 더욱 그러하였으리라.

전라도 가시내

이용악

알룩조개에 입 맞추며 자랐나
눈이 바다처럼 푸를뿐더러 까무스레한 네 얼굴
가시내야
나는 발을 얼구며
무쇠 다리를 건너온 함경도 사내

바람 소리도 호개도 인전 무섭지 않다만
어두운 등불 밑 안개처럼 자욱한 시름을 달게 마시련다만
어디서 흉참한 기별이 뛰어들 것만 같애
두터운 벽도 이웃도 못 미더운 북간도 술막

온갖 방자의 말을 품고 왔다
눈포래를 뚫고 왔다
가시내야
너의 가슴 그늘진 숲 속을 기어간 오솔길을 나는 헤매이자
술을 부어 남실남실 술을 따르어

가난한 이야기에 고이 잠가 다오

네 두만강을 건너왔다는 석 달 전이면
단풍이 물들어 천 리 천 리 또 천 리 산마다 불탔을 겐데
그래도 외로워서 슬퍼서 치마폭으로 얼굴을 가렸더냐
두 낮 두 밤을 두루미처럼 울어 울어
불술기 구름 속을 달리는 양 유리창이 흐리더냐

차알삭 부서지는 파도 소리에 취한 듯
때로 싸늘한 웃음이 소리 없이 새기는 보조개
가시내야
울 듯 울 듯 울지 않는 전라도 가시내야
두어 마디 너의 사투리로 때 아닌 봄을 불러줄게
손때 수집은 분홍 댕기 휘 휘 날리며
잠깐 너의 나라로 돌아가거라

이윽고 얼음길이 밝으면
나는 눈포래 휘감아 치는 벌판에 우줄우줄 나설 게다
노래도 없이 사라질 게다
자욱도 없이 사라질 게다

詩

"거리의 뒷골목에서 만나거든/ 먹었느냐고 묻지 말라/ 굶었느냐곤 더욱 묻지 말라"(「나를 만나거든」)던 시인 이용악! 그는 한반도의 최북단 함경북도 경성에서 태어났다. '두만강 너 우리의 강'을 건너 할아버지는 소금을 밀수입했고 친척들은 그 강을 건너 아라사(러시아) 연해주 등지로 이민을 갔다. 그 두만강을 건너 밀무역 행상 중 아버지는 객사하였으며, 홀로 된 어머니는 국숫집을 하며 어린 자식들을 키웠다. 시인 또한 서울과 동경 등지에서 품팔이 노동을 하며 고학했다. 이야기성과 체험의 구체성이 두드러진 그의 시에는 일제강점기의 불행한 개인사, 가족사, 그리고 우리의 근·현대사가 고스란히 담겨 있다.

북간도 어느 술막에서 함경도 사내와 전라도 가시내가 만났다. 사내는 언 발로 눈보라를 뚫고 두만강을 건너왔으며 날이 밝으면 다시 흔적도 없이 떠나야 한다. 가시내는 석 달 전에 북으로 달리는 '불술기(기차)' 속에서 치마를 뒤집어쓴 채 이틀을 울며 두만강을 건너 이곳으로 팔려 왔다. 그런 두 남녀가 국경 너머에서 만나 긴 겨울밤 내내 지나온 내력을 이야기하며 술잔을 주고받고 있다.

그 밤 내내 사내가 '가시내야' '가시내야'라고 부를 때, 그것도 함경도 사내가 '전라도 가시내야'라고 부를 때, 그 전라도 가시내는 한없이 차고 한없이 차진 느낌이다. 고향을 떠나 두 낮 두 밤을 두루미처럼 울고 울었던 가시내, 지금은 남실남실 술을 치는 가시내, 때로 싸늘한 웃음을 보조개에 소리 없이 새기는 가시내, 까무스레한 얼굴에 눈이 바다처럼 푸른 가시내, 간간이 전라도 사투리가 섞이는 가시내……. 이 함경도 사내처럼 나는, 그 전라도 가시내를 만난 적 있는 것만 같다. 전라도 개펄의 바지락조개 같고 세발낙지 같고 때로 쿰쿰한 홍어 같기도 했으리라.

그 밤 내내 함경도 사내가 피워 올리는 북쪽 '눈포래' 냄새와, 전라도 가시내가 피워 올리는 남쪽 파도 소리에 북간도 술막이 흥성했겠다. 그 술막의 술독 바닥났겠다. 눈에 선한, '흉참한' 시대를 살았던 그 전라도 가시내. "너의 노래가 어부의 자장가처럼 애조롭다/ 너는 어느 흉작촌(凶作村)이 보낸 어린 희생자냐"(「제비 같은 소녀야—강 건너 주막에서?」)!

6은 나무 7은 돌고래, 열 번째는 전화기

박상순

첫 번째는 나
2는 자동차
3은 늑대, 4는 잠수함

5는 악어, 6은 나무, 7은 돌고래
8은 비행기
9는 코뿔소, 열 번째는 전화기

첫 번째의 내가
열 번째를 들고 반복해서 말한다
2는 자동차, 3은 늑대

몸통이 불어날 때까지
8은 비행기, 9는 코뿔소,
마지막은 전화기

숫자놀이 장난감
아홉까지 배운 날
불어난 제 살을 뜯어먹고

첫 번째는 나
열 번째는 전화기

詩

　말문이 트인 아이는 어느 날 선언한다. "엄마, 오늘부터 엄마는 아지, 아빠는 끼리, 언니는 콩콩이, 나는 밍밍이야, 이제 그렇게 불러야 돼, 꼬옥." 또 어느 날은 이렇게 선언한다. "오늘부터 식탁은 구름, 의자는 나무, 밥은 흙, 반찬은 소라라고 해야 돼, 알았지?" 황당 난감 그 자체일 때가 많은 박상순 시인의 시는 이런 네 살배기 놀이의 사유로 들여다보았을 때 쉽게 이해되곤 한다. 그러니 주의하시라! 그의 시를 향해, 이게 무슨 말이지 하고 묻는 순간 당신은 허방에 발을 들여놓는 것이니.
　이 시는 'A는 B'라는 반복으로 이루어져 있다. 그런데 A와 B의 관계는 무연하고 또 우연하다. 인과관계가 없는 '관계 맺기' 혹은 '이름 바꾸기' 놀이다. 그러니 왜 첫 번째가 나이고 6이 나무이고 7이 돌고래인지를 묻는 것은 무의미하다. 독자들도 A 혹은 B에 마음껏 다른 단어를 넣어 읽어도 무방하다. 또한 이 시는 앞에는 숫자가, 뒤에는 낱말이 새겨진 아이들의 카드를 연상시키기도 한다. 6이라 쓰인 카드의 뒷면에는 나무라고 씌어 있고, 7이라 쓰인 카드의 뒷면에는 돌고래라고 씌어 있다. 십진법에 따르면 세상의 모든 숫자는 1부터 10까지의 숫자로 환원된다. 열 번째에서 시가 끝나는 이유다.

숫자와 낱말의 관계도 무연하고 우연한 약속에 불과하다면, 현실과 언어의 관계가 그러하고, 세상의 모든 관계도 그러하다는 것일까?

이 시의 핵심은, '내'가 이 순서와 관계를 (외우듯) 반복하는 그 리듬에 있다. '자, 아무 생각 말고 따라해 봐.'라는 식의 폭력적인 우리의 교육 현실 혹은 성장 과정을 암시하는 것일까. 매일 반복되는 단조로운 일상 내지는 언어(혹은 제도)의 감옥을 상징적으로 드러내는 것일까. 아니면 유년의 로망이 담긴 단어의 나열이라는 점에서 유년의 향수를 담고 있는 것일까. 아무것이면서 아무것이 아니기도 할 것이다. 언뜻 보면 천진난만한데 읽다 보면 슬쩍 공포스러워지는 까닭들이다.

박상순 시인은 회화를 전공한 미술학도다. 유능한 북(표지)디자이너이자 편집자이며 출판인이기도 하다. '무서운 아이들'의 유희적 상상력, 신경증적 반복, 파격적인 시 형식, 의미의 비약적 해체를 특징으로 하는 그의 시에 대해 다 알려고 하지 말자. 다 알려고 하면 박상순 시는 없다. 박상순보다 시를 잘 쓰는 사람은 많을지 모르지만 그 누구도 박상순처럼 시를 쓰지는 못한다. 그게 중요하다.

쉬

문인수

그의 상가엘 다녀왔습니다.

환갑을 지난 그가 아흔이 넘은 그의 아버지를 안고 오줌을 뉜 이야기를 들었습니다.

생(生)의 여러 요긴한 동작들이 노구를 떠났으므로, 하지만 정신은 아직 초롱 같았으므로 노인께서 참 난감해하실까 봐 "아버지, 쉬, 쉬이, 어이쿠, 어이쿠, 시원허시것다아" 농하듯 어리광 부리듯 그렇게 오줌을 뉘였다고 합니다.

온몸, 온몸으로 사무쳐 들어가듯 아, 몸 깊어 드리듯 그렇게 그가 아버지를 안고 있을 때 노인은 또 얼마나 더 작게, 더 가볍게 몸 움츠리려 애썼을까요.

툭, 툭, 끊기는 오줌발, 그러나 그 길고 긴 뜨신 끈, 아들은 자꾸 안타까이 따에 붙들어 매려 했을 것이고 아버지는 이제 힘겹게 마저 풀고 있었겠지요. 쉬―

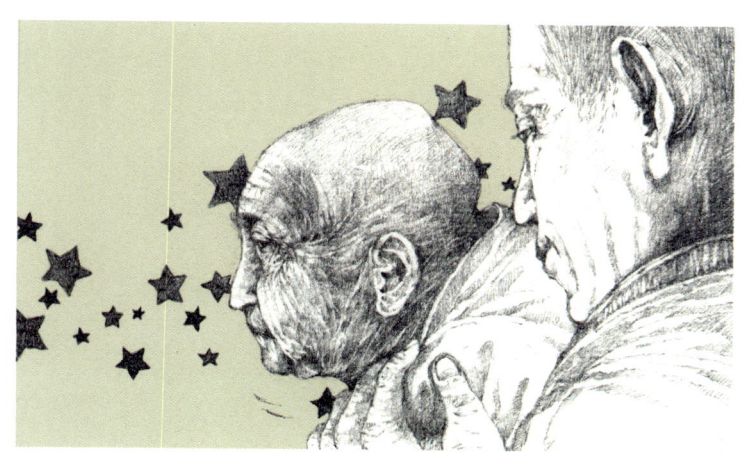

쉬! 우주가 참 조용하였겠습니다.

詩 해방둥이 문인수 시인은 마흔이 넘어 등단한 늦깎이 시인이다. 하지만 시적 성취는 어느 시인보다 높아 환갑 지나 시의 전성기를 구가하고 있다. 이 시는 정진규 시인의 부친상에 문상을 갔다가 선친에 대한 회고담을 듣고 쓴 시인데 문인수 시인의 대표 시가 되었다. 문상을 다녀와 순식간에 쓰였을 것이다. 그만큼 이 시는 막힘이 없이 활달하다.

 환갑이 지난 아들이 아흔의 아버지를 안고 오줌을 뉘고 있다. 정신은 아직 초롱한 아버지가 "생(生)의 여러 요긴한 동작"들이 떠나 버린 스스로의 몸에 난감해하실까 봐 아들이 "아버지, 쉬, 쉬이, 어이쿠, 어이쿠, 시원허시겠다아"며 농 반 어리광 반을 부리고 있다. 상상만으로도 그 모습은 흐뭇하고 뭉클하다. 이 '쉬'는 단음절인데 그 뜻은 다의적이어서 긴 여운을 남긴다. 일차적으로는 오줌을 누시라는 말이겠고, 그것도 쉬이(쉽게) 누시라는 말이겠고, 아버지가 오줌을 누시는 중이니 우주로 하여금 조용히 하라는 말이겠다. 아버지를 향해, 우주를 향해, 그리고 신을 향해 내는 울력의 소리이자 당부의 소리이고 주술의 소리일 것이다.

 오줌발을 "길고 긴 뜨신 끈"으로 비유하는 부분은 압권이다. 계산해 보지는 못했지만 한 사람이 평생 눈 오줌발을 잇고 잇는다면 지구 한 바퀴쯤은 돌 수 있지 않을까. 그 길고 뜨신 오줌발이야말로 한 생명의 끈이고 한 욕망의 끈이다. 그 '길고 긴 뜨신 끈'을 늙은 아들은 안타깝게 땅에 붙들어 매려하고 더 늙으신 아버지는 이제 힘겨워 끝내 땅으로부터 풀려 한다. 아들은 온몸에 사무쳐 "몸 같아 드리듯" 아버지를 안고, 안긴 아버지는 온몸을 더 작고 더 가볍게 움츠리려 애쓴다. 안기고 안은 늙은 두 부자의 대조적인 내면이 시를 더욱 깊게 한다.

  마지막 행의 '쉬!'는 첫 행의 '상가(喪家)'를 떠올릴 때 그 의미가 더욱 깊어진다. 이제 아들의 쉬- 소리도, 툭툭 끊기던 아버지의 오줌발 소리도 들리지 않는다. 그 '길고 긴 뜨신 오줌발'도 쉬! 이렇게 조용히 끊겨 버린 것이다. 때로 시가 뭘까 고민을 할 때 이런 시는 쉬운 답을 주기도 한다. 삶의 희로애락을 한순간에 집약시키는 것, 그 순간에 삶과 죽음을 관통하는 통찰이 녹아 있는 것이라는. 이 시가 그러하지 않는가.

향수

정지용

넓은 벌 동쪽 끝으로
옛이야기 지줄대는 실개천이 휘돌아 나가고,
얼룩빼기 황소가
해설피 금빛 게으른 울음을 우는 곳,

─그곳이 차마 꿈엔들 잊힐 리야.

질화로에 재가 식어지면
비인 밭에 밤바람 소리 말을 달리고,
엷은 졸음에 겨운 늙으신 아버지가
짚벼개를 돋아 고이시는 곳,

─그곳이 차마 꿈엔들 잊힐 리야.

흙에서 자란 내 마음
파아란 하늘 빛이 그리워

함부로 쏜 화살을 찾으려
풀섶 이슬에 함초롬 휘적시던 곳,

―그곳이 차마 꿈엔들 잊힐 리야.

전설 바다에 춤추는 밤물결 같은
검은 귀밑머리 날리는 어린 누이와
아무렇지도 않고 예쁠 것도 없는
사철 발 벗은 아내가
따가운 햇살을 등에 지고 이삭 줍던 곳,

―그곳이 차마 꿈엔들 잊힐 리야.

하늘에는 석근 별
알 수도 없는 모래성으로 발을 옮기고,
서리 까마귀 우지짖고 지나가는 초라한 지붕,

흐릿한 불빛에 돌아앉아 도란도란거리는 곳,

―그곳이 차마 꿈엔들 잊힐 리야.

詩　　시간은 잃고 기억은 쌓인다. 잃어버린 시간의 기억을 우리는 추억이라 하던가. 향수란 잃어버린 시간에 대한 추억이자 그리움이다. 상처나 슬픔조차도 지나간 것이기에 아름답고 생의 근원에 대한 동경을 일깨워 주는 고향. 마음의 고향은 늘 그렇게 잃어버린 시간에 자리하고, 향수는 잃어버린 시간을 찾아가게 한다.

이동원과 박인수가 노래로 불러 더 유명해진 정지용의 「향수」는 20대 초반에 시인이 일본으로 유학 가기 전 고향인 충북 옥천을 다니러 가며 쓴 시다. 이제 곧 떠나야 할 고향이기에 더욱 간절했을 것이다. 검정 두루마기를 즐겨 입고 정종을 좋아했던 그는 몇 순배의 술잔이 돌고 나면 낭랑한 목소리로 이 「향수」와 함께 "고향에 고향에 돌아와도/ 그리던 고향은 아니러뇨"로 시작하는 「고향」을 즐겨 낭송했다 한다. 신석정 시인은 "지용같이 시를 잘 읊는 사람은 보지 못했노라." 회고한 바 있다.

"시의 신비는 언어의 신비"라고 믿었던 그는 우리 현대시사에서 언어와 감각의 탁월한 경지를 보여 주었다. 이 시 또한 소리 내어 읽노라면 "비인 밭에 밤바람 소리"는 ㅂㅂㅂ 말을 달리는 듯하고, "함부로 쏜 화살"을 찾으러 "함초롬 휘적 시던 곳"은 ㅎㅎㅎ 흩어져 있는 듯하다. 실개천을 "옛이야기 지줄대는" 소리로, 황소를 "해설피 금빛 게으른 울음"으로, 아버지를 "엷은 졸음"으로 감각화하는 솜씨 또한 일품이다. "해설피"가 해가 설핏할 무렵인지 아니면 느리고 어설프게 (혹은 슬프게)인지, "석근" 별이 성근(성긴) 별인지 아니면 섞인 별인지 애매하지만 그 언어적 질감만은 새록하다.

  "짚벼개"를 돋아 고이시는 아버지와 검은 귀밑머리를 날리는 누이와 사철 발 벗은 아내가 집 안에 있고 집 밖으로는 넓은 벌과 실개천, 파란 하늘과 풀섶 이슬, 석근 별과 서리 까마귀가 있다면 그곳이 어디든 이미 마음의 고향이다. "그곳이 차마 꿈엔들 잊힐 리야"를 후렴처럼 노래하며 '그곳'을 눈에 그리듯 보여 주는 단순한 시 형식은 음악적 울림은 물론 향수의 정감을 쉽고 실감 나게 전달하기에 안성맞춤이다. '흙에서 자란 마음'을 서늘옵고 빛나게 '이마받이' 한다. "얼음 금 가고 바람 새로 따르거니/ 흰 옷고름 절로 향기"(「춘설(春雪)」)롭지 아니한가.

빼앗긴 들에도 봄은 오는가

이상화

지금은 남의 땅—빼앗긴 들에도 봄은 오는가?

나는 온몸에 햇살을 받고
푸른 하늘 푸른 들이 맞붙은 곳으로
가르마 같은 논길을 따라 꿈속을 가듯 걸어만 간다.

입술을 다문 하늘아 들아
내 맘에는 내 혼자 온 것 같지를 않구나
네가 끌었느냐 누가 부르더냐 답답워라 말을 해 다오.

바람은 내 귀에 속삭이며
한 자욱도 섰지 마라 옷자락을 흔들고
종조리는 울타리 너머 아씨같이 구름 뒤에서 반갑다 웃네.

고맙게 잘 자란 보리밭아
간밤 자정이 넘어 내리던 고운 비로

너는 삼단 같은 머리를 감았구나 내 머리조차 가뿐하다.

혼자라도 가쁘게나 가자
마른 논을 안고 도는 착한 도랑이
젖먹이 달래는 노래를 하고 제 혼자 어깨춤만 추고 가네.

나비 제비야 깝치지 마라.
맨드라미 들마꽃에도 인사를 해야지
아주까리 기름을 바른 이가 지심 매던 그 들이라 다 보고 싶다.

내 손에 호미를 쥐어 다오.
살진 젖가슴과 같은 부드러운 이 흙을
발목이 시도록 밟아도 보고, 좋은 땀조차 흘리고 싶다.

강가에 나온 아이와 같이

짬도 모르고 끝도 없이 닫는 내 혼아,
무엇을 찾느냐, 어디로 가느냐, 웃어웁다, 답을 하려무나.

나는 온몸에 풋내를 띠고
푸른 웃음, 푸른 설움이 어우러진 사이로
다리를 절며 하루를 걷는다 아마도 봄 신령이 지폈나 보다.

그러나 지금은―들을 빼앗겨 봄조차 빼앗기겠네.

詩 "오등(吾等)은 자(茲)에 아(我) 조선의 독립국임과 조선인의 자주민임을 선언하노라."로 시작하는 기미독립선언문에는 시 못지않은 리듬과 비장한 여운이 있다. 고교 시절, 이 선언문의 짝패처럼 좔좔좔 암송했던 시가 이상화 시인의 「빼앗긴 들에도 봄은 오는가」이다. 1919년 서울에서 3·1운동이 일어나자 그는 3월 8일 장날을 기해 대구에서 학생만세운동을 모의했다. 그러나 안타깝게도 사전에 발각되고 말았다. 그는 상화(相和)라는 이름을 상화(尙火)나 상화(想華)로 쓰곤 했는데, 정녕 그의 시와 삶이 '항상 불' 같았으며 그는 자주 '만주를 오가며 늘 독립운동을 생각' 하곤 했다. 그러니 3월이 되면 이 시가 떠오를 수밖에.

빼앗긴 들에도 봄은 오고, 오는 봄을 그 누구도 빼앗을 수는 없다. 그것이 천지 만물을 들썩이게 하는 봄의 "신령"이고 봄의 "풋내"이고 봄의 "푸른 웃음"이다. 그러나 들을 빼앗긴

자에게 오는 봄은 절박하다. 봄조차 빼앗기지 않아야 하기 때문이다. 그것이 봄의 "답답"함이고 봄의 "푸른 설움"이다. 들의 봄과 인간의 봄, 자연의 봄과 시대의 봄은 이렇게 갈등한다. 그리고 시인은 "지금은"에 담긴 이 봄의 혼곤 속을 "다리를 절며" 걷고 있다.

이 시의 매력은 굳세고 비장한 의지와 어우러진 섬세한 감각에 있다. 가르마 같은 논길, 입술을 다문 하늘과 들, 삼단 같은 머리를 감은 보리밭, 살진 젖가슴 같은 흙 등 빼앗긴 들을 온통 사랑스러운 여성의 몸에 비유하고 있다. 그러니 온몸에 햇살을 받고 이 들(판)을 발목이 저리도록 실컷 밟아 보고 싶다는 간절한 소망이야말로 내 나라 내 땅에 대한 지극한 사랑의 표현인 것이다. 관능적인 연애시의 옷을 입은 지극한 애국 애족의 저항시다.

바람의 말

마종기

우리가 모두 떠난 뒤
내 영혼이 당신 옆을 스치면
설마라도 봄 나뭇가지 흔드는
바람이라고 생각지는 마.

나 오늘 그대 알았던
땅 그림자 한 모서리에
꽃나무 하나 심어 놓으려니
그 나무 자라서 꽃 피우면
우리가 알아서 얻은 모든 괴로움이
꽃잎 되어서 날아가 버릴 거야.

꽃잎 되어서 날아가 버린다.
참을 수 없게 아득하고 헛된 일이지만
어쩌면 세상 모든 일을
지척의 자로만 재고 살 건가.

가끔 바람 부는 쪽으로 귀 기울이면
착한 당신, 피곤해져도 잊지 마,
아득하게 멀리서 오는 바람의 말을.

詩

바람을 생각하는 일이란 마음이 울렁거리는 일이다. 바람 불면 그곳이 어디든 따라나서고 싶고, 바람 들면 온몸이 저절로 살랑살랑 나부끼게 되고, 바람나면 불타는 두 눈에 세상 보이는 것 아마 없으리. 바람을 생각하는 일이란 사무치는 일이다. 빈자리를 어루만지는 부재와 상실, 추억과 그리움으로 가슴이 시리고 뼛속까지 시리리. 그리고 바람을 생각하는 일이란 "참을 수 없게 아득하고 헛된 일"이다. 물처럼 세월처럼, 시작도 없고 끝도 없고 지나고 나면 흔적도 없으리.

삶이, 사랑이, 시(詩)의 말이 바람이라고 생각한 적 있다. 바람(願)이고 바람(風) 같아서 간절한 것들이다. 이 시를 읽노라면 간절하게 그리운 부재가 떠오르고, 간절하게 따뜻한 배려가 떠오른다. 몸을 떠나 영혼으로 떠돌며 사랑하는 사람 곁을 지키던 영화 「사랑과 영혼」, 그 애끓는 바람의 영혼도 떠오른다. 서로 떨어져 있어도 사랑의 괴로움과 사랑의 피로까지 함께하는 바람의 마음. 그렇게 따뜻한 바람이라면 "가끔"이 아니라 매일 매일 바람 부는 쪽으로 귀 기울이고 싶다. "목숨을 걸면 무엇이고/ 무섭고 아름답겠지./ 나도 목숨 건 사랑의/ 연한 피부를 쓰다듬고 싶"(「성년의 비밀」)어지는 것이다.

이 시는 조용필이 부른 「바람이 전하는 말」의 노랫말과 흡사하다. 1980년에 발간한 시집 『안 보이는 사랑의 나라』에 수록된 이 시가 5년쯤 먼저다. 의사이기도 한 마종기 시인은 고희를 앞두고도 여전히 젊고 댄디(dandy)하다. 어떤 선입관이나 고정관념이나 권위로부터 자유롭다. 동화 작가 마해송과 우리나라 최초의 여성 서양 무용가 박외선 사이에 일본 도쿄에서 태어났다. 서울에서 성장해 의과대학 재학 시절 시인으로 등단했으며 그 후 미국으로 건너가 40여 년간 방사선과 전문의로 지내며 시를 써 왔다.

그의 투명하면서 울림이 깊은 시에 유난히 위로받고 행복해하는 마니아들이 많다. 오롯한 그리움과 따뜻한 진심이 느껴지기 때문이리라. 누군가 말했다. 그의 시는 '맹물' 같다고. 어느 날 마시면 상쾌하고 시원하고, 어느 날은 목이 메고 어느 날은 아무 맛도 나지 않는다고. "나는 이제 고국에서는/바람으로만 남겠네"(「산수유」)라는 최근 시의 구절이 떠오른다. "착한 당신, 피곤해져도 잊지 마"라는 이 "아득하게 멀리서 오는 바람의 말"과 함께. 그는 "안 보이는 사랑의 나라"의 시민임이 분명하다. 저 바람처럼.

타는 목마름으로

김지하

신새벽 뒷골목에
네 이름을 쓴다 민주주의여
내 머리는 너를 잊은 지 오래
내 발길은 너를 잊은 지 너무도 너무도 오래
오직 한 가닥 있어
타는 가슴속 목마름의 기억이
네 이름을 남몰래 쓴다 민주주의여

아직 동트지 않은 뒷골목의 어딘가
발자욱 소리 호르락 소리 문 두드리는 소리
외마디 길고 긴 누군가의 비명 소리
신음 소리 통곡 소리 탄식 소리 그 속에 내 가슴팍 속에
깊이깊이 새겨지는 네 이름 위에
네 이름의 외로운 눈부심 위에
살아오는 삶의 아픔
살아오는 저 푸르른 자유의 추억

되살아오는 끌려가던 벗들의 피 묻은 얼굴
떨리는 손 떨리는 가슴
떨리는 치 떨리는 노여움으로 나무판자에
백묵으로 서툰 솜씨로
쓴다.

숨죽여 흐느끼며
네 이름을 남몰래 쓴다.
타는 목마름으로
타는 목마름으로
민주주의여 만세

詩

　　출간되자마자 금서가 된 시집 『타는 목마름으로』를 구하기 위해 책방을 뒤지고 다녔던 것도, 최루 속에서 금지곡이었던 「타는 목마름으로」를 불렀던 것도, 시보다 운동을 택했던 선배가 '타는 목마름으로'라는 주점에서 결혼식을 했던 것도, 지금도 김광석이 부른 「타는 목마름으로」를 들으면 가슴이 뭉클해지는 것도 다 이 시 때문이다.

　　쫓고 쫓기는, 맞고 때리는, 울고 신음하고 비명을 지르는 소리의 중첩을 통해 지난 1970년대의 공포와 고통을 날카롭게 드러낸 시다. 누군가는 그렇게 피를 흘리며 뒷골목으로 쫓겼고 누군가는 유명을 달리하기도 했다. 자정부터 신새벽 사이, 뒷골목과 뒷골목 사이, 소리와 소리 사이에서 타는 목마름으로 열망했던 자유 그리고 민주주의! 이 시가 뜨거운 것은 잊혀져 가는 '민주주의'를 노래했기 때문만은 아니다. '타는 목마름으로' 노래했기에 더욱 뜨겁다. 오래 가지지 못한, 아니 너무도 오래 잃어버린 그 모든 목마름의 이름을 '타는 목마름'으로 남몰래 쓰고 있는 한, 이 시는 여전히 뜨겁게 살아온다. 우리에게 늘 새롭게 되살아오는 것이다.

김지하 시인의 본명은 '영일(英一, 한 꽃송이)'이다. 다방 혹은 이발소 등 거리 입간판에 조그맣게 쓰여 있던 '지하'라는 글자를 보고 지었다는 필명 지하.(地下가 芝河로 바뀌었다.) 시위, 필화 사건, 긴급조치 및 국가보안법 위반, 내란 선동죄 등으로 체포와 투옥, 사형 및 무기징역 선고, 석방을 거듭하면서 시인은 1970년대 내내 박정희 정권과 맞섰다. 감옥에서 박정희 전 대통령의 암살 소식을 듣는 순간, 무상함에 휩싸여 "잘 가시오. 나도 뒤따라가리다."라는 혼잣말이 저절로 나왔다고 한다. 이후 '투사' 김지하는 '생명 사상가' 김지하로 변신한다. 감옥 창틀에 싹을 틔운 민들레를 보고 생명의 신비와 소중함에 눈을 떴다는 일화는 잘 알려져 있다.

"시란 어둠을/ 어둠대로 쓰면서 어둠을/ 수정하는 것// 쓰면서/ 저도 몰래 햇살을 이끄는 일"(「속 3」)임을 온몸으로 보여 주었던 시인, 그리고 이제 자신의 시와 삶이 우주 저편으로까지 이어지는 "흰 그늘의 길"에 서기를 꿈꾸는 시인, 그가 있어 우리 시는 또 이렇게 시퍼렇게 살아 있지 않은가.

바다와 나비

김기림

아무도 그에게 수심(水深)을 일러 준 일이 없기에
흰나비는 도무지 바다가 무섭지 않다.

청(靑)무우밭인가 해서 내려갔다가는
어린 날개가 물결에 절어서
공주처럼 지쳐서 돌아온다.

삼월달 바다가 꽃이 피지 않아서 서글픈
나비 허리에 새파란 초생달이 시리다.

詩　청산(靑山)이라면 몰라도 바다는 나비와 도무지 어울리지 않는다. 거대한 바다에 비해 흰나비는 얼마나 작고 여리고 가냘픈가. 이 무구한 흰나비는 바다를 본 적이 없다. 알 수 없는 수심과 거센 물결에 대해 들은 적도 없다. 흰나비에게 푸르게 펼쳐진 것은 청무우밭이고 그렇게 푸른 것은 꽃을 피워야 마땅하다. 흰나비가 삼월의 바다에서 청무우꽃을 꿈꾸는 까닭이다. 그러나 짜디짠 바다에 흰나비의 날개만 절 뿐, 삼월이어도, 바다가 푸르긴 해도, 바다는 꽃을 피우지 않는다. 나비의 허리에 새파란 초승달만 비친다. 삼월의 바다, 어린 나비, 초승달은 모두 이른 것들이다. 시작인 것들이다.

　허공을 나는 것들은 날개가 중요하고, 땅을 걷는 것들은 허리가 중요하다. 한데 "나비 허리"라니! 공주의 아름다움은 춤에 있고 나비의 아름다움은 비상(飛翔)에 있다. "공주처럼 지쳐서" 바다에서 돌아온 나비. 바다로의 비상에 실패하고 뭍으로 귀환한 '나비 허리'는 그 상징적 의미가 깊다. 이제 흰나비는 청무우 꽃그늘을 노니는 그런 나비가 아니다. 짜디짠, 바다의 깊이와 파도의 흔들림을 맛본, 허리가 실한 나비다. "땅을 밟고 하는 사랑은 언제고 흙이 묻"(「주피터 추방」)기 마련이다. 새롭고 먼 곳을 향해 비상하다 날개가 절어 본 적이 있기에 흰나비는 이제 땅을 밟는 사랑을 알았으리라.

　이 시의 백미는 "나비 허리에 새파란 초생달이 시리다"라는 구절이다. 하얗고 가늘고 기다란 나비의 몸과 초승달이 그려지고, 새파란 바닷물에 새파랗게 절은 흰나비의 허리가 그려지고, 지쳐 돌아오는 흰나비 허리를 비추는 저물녘 초승달이 그려지기도 한다. 하나같이 '시린' 풍경들이다. 어쨌든 '바다'가 냉혹한 현실이라면 '나비'는 순진한 꿈의 표상이다. 꿈은 언제나 현실의 냉혹함에 도전한다. 근대 혹은 서구 문명 앞에서 좌절할 수밖에 없었던 식민지 지식인의 자화상이 떠오른다. 역사 혹은 시대의 흐름 앞에 무력하기만 한 시인의 모습도.

　김기림 시인의 탄생은 현대시 탄생과 그 햇수를 같이한다.(얼마 전 출생 연도가 1907년으로 기록된 학적부가 발굴되어 탄생 101주년이라는 주장도 있다.) 그는 1930년대 이상(李箱)과 더불어 한국 문단의 모더니즘을 주도하면서 서구 문명을 지향하는 '새로운 생활'을 동경했다. 그는 기자, 문학비평가(이론가), 번역가, 대학교수를 겸한 모더니즘 선봉에 선 시인이었으나 분단과 전쟁은 납북 이후 생사조차 알 수 없는 '비운의 모더니스트'로 만들어 버렸다.

봄바다

김사인

구장집 마누라
방뎅이 커서
다라이만 했지
다라이만 했지

구장집 마누라는
젖통도 커서
헌 런닝구 앞이
묏등만 했지
묏등만 했지

그 낮잠 곁에 나도 따라
채송화처럼 눕고 싶었지
아득한 코골이 소리 속으로
사라지고 싶었지

미끈덩 인물도 좋은
구장집 셋째 아들로 환생해설랑
서울 가 부잣집 과부하고 배 맞추고 싶었지

詩

　　구장집 마누라는 방댕이도 크고 젖통도 크고 잠도 푸지게 잘 자니 미끈덩 아들 쑥쑥 낳겠다. 역시나 셋째가 제일 미끈덩하겠다. 미끈덩 인물이 재산이겠다. "부뚜막에 쪼그려 수제비 뜨는 나어린 처녀의 외간 남자"라도 되는 양 바람깨나 피우겠다. 도망치듯 상경해 이 양 저 양 살피다 부잣집 과부 만나 한몫 챙기기도 하겠다. 살집 좋은 과부 곁에서 시름시름 늙어 가며 이모저모 기웃대다 '인생 탕진하'겠다. 저리 생생(生生)한 구장집 마누라 몸을 거쳐 미끈덩 셋째 아들로 환생하는 것, 사내들의 로망이겠다. 이 시의 묘미는 현실 속 구장집 마누라가 아니라, 상상 속 셋째 아들의 부잣집 과부로 튀는 로망의 오지랖 그 '쓰리 쿠션'에 있겠다.
　　이 시를 읽노라면 김사인 시인의 '심성'을 엿볼 수 있는 이시영 시인의 재미난 산문시 하나가 떠오른다. 내용인즉슨 이렇다. 술자리에 김사인이 폭우 속에 흰 고무신을 신고 와 합류했다는 것. 새벽 즈음에 이시영의 처가 천둥 치듯 "복희년 나오라고 그래!" 소리치며 들이닥쳤다는 것. 바로 그때 "나와 송 사이에서 묵묵히 고개를 떨구고 있던 사인이 갑자기 일어나 문밖으로 내빼는데 흰 고무신 신은 발이 비호처럼 빨랐다. 그리고 빗속을 번개처럼 가르며 사라졌다. 복희

씨가 졸린 눈을 뜨기도 전에, 송과 나의 처가 시퍼렇게 걸어 붙인 팔을 풀기도 전에 일어난 아주 순식간의 일이었다"(「김사인의 흰 고무신」)는 것.

김사인 시인은 사람 좋은 충청도 양반이다. 떠듬떠듬 어눌하게, 천천히 길게, 그러나 뜨겁게 시를 쓰는 시인이다. 첫 시집을 내고 19년 만에 두 번째 시집을 냈으며, 시 한 편을 길게는 30년을 쓰고 썼다니 '곡진'하다는 말, '지극'하다는 말은 그에게 딱 어울리는 말이다. 그런 그가 1980년대의 혁혁한 문화운동가이자 날카로운 논객이었고, '노동해방문학' 사건에 관여해 수배되기도 했다는 건 다 아는 전력(!)이다. "시는 크고 요란한 것이 아니라 작고 나지막한 섬김"이라고 말하는 그는 스스로를 낮춤으로써 시와 세상과 사물을 높이는 드문 미덕을 가진 시인임에 틀림없다.

봄은 남쪽 끝 바다로부터 온다. 구장집 마누라 방뎅이같이 방방한 저 들판에, 구장집 마누라 젖통같이 봉긋한 저 능선에, 구장집 마누라 코골이같이 달디단 봄바람으로 온다. 바다 내음 향긋한 천지가 무릇 봄바다다. 물 맑은 봄바다에 두둥실 떠가는 저 배를 타고 미끈덩 풋것들로 환생하고 싶다. 어쨌든 봄이고 하여튼 봄밤이고 바야흐로 봄바다다.

달은 추억의 반죽 덩어리

송찬호

누가 저기다 밥을 쏟아 놓았을까 모락모락 밥집 위로 뜨는 희망처럼
  늦은 저녁 밥상에 한 그릇씩 달을 띄우고 둘러앉을 때
  달을 깨뜨리고 달 속에서 떠오르는 노오란 달

  달은 바라만 보아도 부풀어 오르는 추억의 반죽 덩어리
  우리가 이 지상까지 흘러오기 위하여 얼마나 많은 빛을 잃은 것이냐

  먹고 버린 달 껍질이 조각조각 모여 달의 원형으로 회복되기까지
  어기여차, 밤을 굴려 가는 달빛처럼 빛나는 단단한 근육 덩어리
  달은 꽁꽁 뭉친 주먹밥이다. 밥집 위에 뜬 희망처럼, 꺼지지 않는

詩 동치미 무를 먹으며 아삭아삭 달을 베어 먹는다고 생각한 적이 있다. 팥죽에 뜬 새알을 떠먹으며 어두운 밤하늘을 들락 날락하는 달을 떠먹는다고 생각한 적도 있다. 달걀과 밀가루가 들어간 둥근 지짐이와 부침들을 먹을 때마다 달(빛)을 지져 먹고 달(빛)을 부쳐 먹는다고 생각하기도 했다. 모든 알들은 달을, 하얗고 부드러운 모든 가루들은 달빛을 닮았다. 흰 고봉밥이, 노란 달걀 프라이가, 토실한 감자가, 탐스럽고 둥근 빵이 죄다 달을 닮아 있지 않은가. 그뿐 아니다. 밥상에 뜬 온갖 달들을 만들어 내는 엄마와 아내와 누이와 딸이 모두 달의 여인들이니 우리는 밥상에 뜬 달을 먹고 자라는, 그 달을 만드는 이 달에 의해 키워지는, 달의 후예들이다. 그러니 밥이 달이고, 밥의 집이 달의 집이다.

"조각조각" 달집 아래를 걸을 때, "모락모락" 밥집 곁을 지나칠 때 그 집들이 우리를 먹여 살리는 부푸는 추억이자 꺼지지 않은 희망임을 깨닫는다. 저녁 밥상 앞에 둥그렇게 앉아 "한 그릇씩 달을 띄우고 둘러앉아" 서로를 마주 볼 때 "꼭꼭 뭉친 주먹밥"처럼 비로소 한 식구(食口)임을 확인한다. 그런 "달빛은 무엇이든 구부려 만"든다. "꽃의 향기를 구부려 꿀을 만들고/ 잎을 구부려 지붕을 만들고/ 물을 구부려 물방울 보석을 만들고/ (……) 이 세계를 둥글게 완성시켜 놓"(「달빛은 무엇이든 구부려 만든다」)는다. 달은 어머니처럼 둥글고 이 둥근 것들을 우리는 끊을 수 없다. 밤의 어둠을 굴리는 달 (빛)이 이울며 차며 '달의 원형'을 회복하듯, 우리도 그렇게 추억과 희망을 완성할 것이다. 그것들로 배가 둥그렇게 부르리라. 또 다른 달을 낳기도 하리라. 그것이 달의 역사이고 달의 미래일 것이다.

  1980년대가 끝나 갈 무렵에 출간된 송찬호 시인의 첫 시집 『흙은 사각형의 기억을 갖고 있다』가 불러일으켰던 반향은 컸다. 그는 마치 연금술사처럼, 시대와 가족과 인간과 사물과 언어를 비극적이면서 비의적(祕儀的)으로 결합시키곤 한다. "나는 시를 무겁게 시작한다. 그리고 오래 매만진다."는 그의 시작 태도는 시의 이미지를 돌올하게 하고 형이상학적인 깊이를 거느리게 한다. 소를 치던 어린 시절 '아이 지게'를 갖는 게 꿈이었다는, 지금껏 군대와 대학 생활을 제외하고는 고향 보은을 떠나 본 적이 없다는, '시 쓰는 일'을 제1의 직업으로 삼고 있는, 그야말로 모름지기 전업 시인임에 틀림없다.

사철나무 그늘 아래 쉴 때는

장정일

그랬으면 좋겠다 살다가 지친 사람들
가끔씩 사철나무 그늘 아래 쉴 때는
계절이 달아나지 않고 시간이 흐르지 않아
오랫동안 늙지 않고 배고픔과 실직 잠시라도 잊거나
그늘 아래 휴식한 만큼 아픈 일생이 아물어진다면
좋겠다 정말 그랬으면 좋겠다

굵직굵직한 나뭇등걸 아래 앉아 억만 시름 접어 날리고
결국 끊지 못했던 흡연의 사슬 끝내 떨칠 수 있을 때
그늘 아래 앉은 그것이 그대로 하나의 뿌리가 되어
나는 지층 가장 깊은 곳에 내려앉은 물맛을 보고
수액이 체관 타고 흐르는 그대로 한 됫박 녹말이 되어
나뭇가지 흔드는 어깻짓으로 지친 새들의 날개와
부르튼 구름의 발바닥 쉬게 할 수 있다면

좋겠다 사철나무 그늘 아래 또 내가 앉아

아무것도 되지 못하고 내가 나밖에 될 수 없을 때
이제는 홀로 있음이 만물 자유케 하며
스물두 살 앞에 쌓인 술병 먼 길 돌아서 가고
공장들과 공장들 숱한 대장간과 국경의 거미줄로부터
그대 걸어 나와 서로의 팔목 야윈 슬픔 잡아 준다면
좋을 것이다 그제서야 조금씩 시간의 얼레도 풀어져
초록의 대지는 저녁 타는 그림으로 어둑하고
형제들은 출근에 가위눌리지 않는 단잠의 베개 벨 것인데
한 켠에선 되게 낮잠을 자 버린 사람들이 나지막이 노래 불러
유행 지난 시편의 몇 구절을 기억하겠지

바빌론 강가에 앉아
사철나무 그늘을 생각하며 우리는
눈물 흘렸지요

詩　　그늘! 나비 그늘, 꽃 그늘, 나무 그늘, 처마 그늘, 담 그늘, 당신 그늘, 심지어 위태롭게 서 있는 전봇대나 바지랑대에도 그늘은 있다. 그늘은 눈부시지 않고 어둡지 않다. 뜨거운 햇살은 가려 주고 비바람은 먼저 맞아 준다. 여운과 깊이, 여유와 멋을 지닌다는 점에서 그림자와 다르다. 그래서일까. 그늘 아래 서면 잠시 시간도 잊고 이름도 잊고 일도 잊고 갈 곳도 잊는다. 그늘 아래 스스로를 부리듯 노동과 불안과 걱정을 부려 두고, 잊거나 잃은 것을 떠올리며 눈물짓기도 한다.

　　계절과 시간은 너무 빨리 달아나고, 우리는 너무 빨리 늙고, 늘 배고픔과 실직의 공포에 시달리면서 출근과 스트레스와 피로와 시름과 술과 담배에 지쳐 있는데…… 맨땅에 뿌리를 내린 채 사시사철 변함없는 사철나무의 그늘이니 참 깊고 넓겠다. 시인 장정일이 꿈꾸던 '사철나무 그늘', 누구나 그런 그늘 하나쯤은 꿈꾸기 마련이다. '가장 장정일답지 않는 시'임에도 가장 많이 애송되고, 시인 스스로도 첫 시집을 여는 시로 삼았던 까닭일 것이다.

　　이 시는 "By the rivers of Babylon/ there we sat down/ ye-eah we wept,/ when we remember Zion"이 반복되는 보니엠(Boney M)의 노래 「바빌론 강가에서(Rivers of

Babylon)」를 들으며 읽어야 한다. "우리가 바벨론의 여러 강변 거기 앉아서 시온을 기억하며 울었도다."(「시편」 137편)라는 성경 구절과 더불어. 바벨탑과 공중정원이 있었다는 번영의 땅 바빌론은 이스라엘 백성들에게는 '시온(Zion, 예루살렘의 도시로 하나님의 나라를 상징한다.)'을 생각하며 견뎌야 했던 이방의 땅, 고난의 땅, 타락의 땅이다. 원조 '디아스포라'의 고난과 희망이 담긴 디스코 풍의 이 노래는, 1980년대 내내 "사철나무 그늘 아래 쉬"던 공장 노동자들의 휴식시간을 장악하기도 했던가.

불온하다는 말, 문제적이라는 말이 장정일처럼 잘 어울리는 시인이 또 있을까. 중졸의 학력과 방황의 청소년기, '삼중당 문고'를 읽으며 했다는 독학, '김수영 문학상' 최연소 수상, 극작가, 소설가, 외설 시비, 무시무시한 독서량, 텔레비전 교양 프로그램 진행, 교수……. 그는 정복자처럼 자신의 삶을 찬탈했으며 게릴라처럼 1980년대 시단을 점령했다. 그리고 어느 날 '시 쓰는 법을 까맣게 잊어버렸다'고 오리발을 내밀었던 그가 이른바 '쉬인' 장정일이다. '동사무소 하급 공무원'을 꿈꾸며 들었을 「바빌론 강가에서」를 다시 들으며 '사철나무 그늘 아래 쉬는 마음'을 헤아려 본다.

노동의 새벽

박노해

전쟁 같은 밤일을 마치고 난
새벽 쓰린 가슴 위로
차거운 소주를 붓는다
아
이러다간 오래 못 가지
이러다간 끝내 못 가지

설은 세 그릇 짬밥으로
기름투성이 체력전을
전력을 다 짜내어 바둥치는
이 전쟁 같은 노동일을
오래 못 가도
끝내 못 가도
어쩔 수 없지

탈출할 수만 있다면,

진이 빠져, 허깨비 같은
스물아홉의 내 운명을 날아 빠질 수만 있다면
아 그러나
어쩔 수 없지 어쩔 수 없지
죽음이 아니라면 어쩔 수 없지
이 질긴 목숨을,
가난의 멍에를,
이 운명을 어쩔 수 없지

늘어쳐진 육신에
또다시 다가올 내일의 노동을 위하여
새벽 쓰린 가슴 위로
차거운 소주를 붓는다
소주보다 독한 깡다구를 오기를
분노와 슬픔을 붓는다

어쩔 수 없는 이 절망의 벽을
기어코 깨뜨려 솟구칠
거치른 땀방울, 피눈물 속에
새근새근 숨 쉬며 자라는
우리들의 사랑
우리들의 분노
우리들의 희망과 단결을 위해
새벽 쓰린 가슴 위로
차거운 소주잔을
돌리며 돌리며 붓는다
노동자의 햇새벽이
솟아오를 때까지

詩

「박노해 노동의 새벽 20주년 헌정 음반」(2004)을 들으며 시집 『노동의 새벽』(1984)을 읽는다. 장사익, 윤도현 밴드, NEXT 등이 『노동의 새벽』에 수록된 시편들에 곡에 붙여 노래한 앨범이다. 시집 『노동의 새벽』은 어두운 새벽빛의 표지다. "노동 형제들에게 조촐한 술 한 상으로 바칩니다."라는 시인의 헌사로 시작하고 있다. '노동 해방'을 줄여 필명으로 삼은 '얼굴 없는 노동자 시인' 박노해의 시에, 독설로 민중문학론을 설파한 고(故) 채광석의 해설과 민중미술의 새로운 지평을 연 고(故) 오윤의 판화가 어우러져 사회과학출판사 풀빛에서 출간된 시집이다. '노동'과 '해방'과 '문학' 그 절정의 접점에서 생산되고 소비되었던 이 시집은 1980년대를 대표하는 한 상징이다. 노동문학의 전범이 되었고, 출간 당시 금서였으나 지금까지 그 판매량이 100만부로 추정되고 있으며, 지난 20년간 우리 사회의 변화에 큰 영향을 미친 책 중 한 권이 되었다.

이 시는 '시대의 새벽을 부른' 박노해 시인의 명실상부한 대표 시다. 조출(조기 출근)-야근(야간 잔업)의 노동 현실에서 야근 현장은 졸음과 사투를 해야 하는 전쟁터다. "드르륵 득득/ 미싱을 타고, 꿈결 같은 미싱을 타고/ 두 알의 타이밍으로 철야를 버티는/ 시다의 언 손"(「시다의 꿈」)으로, 조는 순간 "기계 사이에 끼어 아직 팔딱거리는 손을/ 기름 먹은 장갑 속에서 꺼내"(「손 무덤」)야 하는 무참한 사고 없이 무사히 "전쟁 같은 밤일"을 마쳐야 한다. 그리고 난 새벽이면 속이 빈 "쓰린 가슴"에 "차거운 소주"를 부을 수밖에. "어쩔 수 없"는 분노와 슬픔 때문에 붓고, "기어코"의 깡다구와 오기의 힘으로 붓는다. 고통과 절망을 위무하기 위해 붓고, 연대와 희망을 고무하기 위해 붓는다. 차가운 소주가 뜨거운 소주로 변하는 "노동자의 햇새벽"에, 식히기 위해 붓고 태우기 위해 붓는다.

 그는 열다섯에 상경해 야간 상고를 졸업하고 섬유 · 화학 · 건설 · 금속 · 운수 노동을 하며 노동운동과 노동문학에 투신했다. '사노맹(남한 사회주의노동자동맹)' 사건으로 체포되어 '반국가단체 수괴'로 무기징역이 선고되자 "나는 노동자이자 시인이며 혁명가입니다."라는 최후진술로 스스로를 변호했다. 지금은 세계의 빈곤 지역과 분쟁 지역을 돌며 생명과 평화와 나눔의 활동을 펼치고 있다. 수감 중에 썼다는 시「그해 겨울나무」가 떠오른다. "그해 겨울,/ 나의 시작은 나의 패배였다"로 시작해 "그해 겨울,/ 나의 패배는 참된 시작이었다"로 끝을 맺은.

그리스도 폴의 강 1

구상

아침 강에
안개가
자욱 끼어 있다.

피안을 저어 가듯
태백의 허공 속을
나룻배가 간다.

기슭, 백양목 가지에
까치가 한 마리
요란을 떨며 날은다.

물밑의 모래가
여인네의 속살처럼
맑아 온다.

잔 고기떼들이
생래의 즐거움으로
노닌다.

황금의 햇발이 부서지며
꿈결의 꽃밭을 이룬다.

나도 이 속에선
밥 먹는 짐승이 아니다.

詩 구상 시인은 강과 물을 유난히 사랑한 시인이다. 당호를 관수재(觀水齋)라 하고 서재에 "관수세심(觀水洗心)"이라는 편액을 걸어 놓고는, 그 글귀대로 여의도 윤중제방에 나아가 유유히 흘러가는 한강을 바라보며 마음을 씻어 내곤 했다. 수(水)와 심(心)은 통하는 글자이기에 관수와 세심은 '마음을 바라보는' 일일 터, "마치 매일 예배를 보듯/ 나는 오늘도 강에 나와 있"(「겨울강 산조(散調)」)곤 했던 것이리라.

무릇 물은 맑다. 흐르면서 넓어지고, 끊이지 않고, 거슬러 오르지도 않는다. 무엇이든 그 밑바닥으로 흘러들고, 다른 무엇에 스며들었을 때에는 이미 물로 존재하지 않는다. 시인 또한 "그저 물이었다./ 맑은 물이었다./ 맑은 물이 하염없이/ 흘러가고 있었다.// 흘러가면서 항상 제자리에 있었다./ 제자리에 있으면서/ 순간마다 새로웠다.// 새로우면서 과거와/ 이어져 있었다."(「그리스도 폴의 강 11」)라고 노래했다. 강에서 사람을 업어 건네는 수행을 통해 예수 발현을 체험한 성자 '그리스도 폴'의 강처럼, 시인에게 강은 건너가야 하는 삶의 터전이었으며 구도의 방편이자 사랑의 궁극이었을 것이다.

흐르는 강물처럼 과거와 미래와 현재가 하나이기에, 오늘이 바로 영원이고 오늘 하루가 신비의 샘이다. 시방이라는 오늘로 그 영원을 살고 있기에 '마음이 가난한 삶'을 살아야 하고 '마음을 비운 삶'을 살아야 하는(「오늘」) 것이리라. "네가 시방 가시방석처럼 여기는／ 너의 앉은 그 자리가／ 바로 꽃자리"(「꽃자리」)인 것이리라. 그러니 내가 앉아 있는 지금-여기의 꽃자리가 '반갑고 고맙고 기쁠' 수밖에. 그는 격동의 현대사 속에서 파랑(波浪) 많은 삶을 살았지만 그의 시편들은 고요한 강물처럼 조용하고 편안하다. 진솔하고 정갈하다. 그의 삶도 시와 다르지 않았다.

  이 시는 아침 강의 신비와 신성을 노래하고 있다. 자욱한 아침 안개는 물과 하늘, 여기와 저기, 차안과 피안의 경계를 지운 채 세계를 하나의 '허공'으로 만들고 있다. 그 허공 속을 저어 가는 나룻배는 이미 비승비속(非僧非俗)이다. 구불구불 휜 흰 백양목 가지에 앉은 검은 까치 한 마리, 여인네 속살 같은 물밑의 모래, 생래의 즐거움으로 노니는 잔 고기떼, 동터 오는 황금의 햇발은 인간이 침범하지 않는 태곳적 아침 강의 이미지들이다. 이런 강을 마음에 품고 하루의 아침을 시작한다면, 매일 매일의 밥벌이 터에서도 '밥 먹는 짐승'으로 전락하지 않을 것 같다.

생명의 서(書)

유치환

나의 지식이 독한 회의(懷疑)를 구(救)하지 못하고
내 또한 삶의 애증을 다 짐 지지 못하여
병든 나무처럼 생명이 부대낄 때
저 머나먼 아라비아의 사막으로 나는 가자

거기는 한 번 뜬 백일(白日)이 불사신같이 작열하고
일체가 모래 속에 사멸한 영겁의 허적(虛寂)에
오직 알라의 신(神)만이
밤마다 고민하고 방황하는 열사(熱沙)의 끝

그 열렬한 고독 가운데
옷자락을 나부끼고 호올로 서면
운명처럼 반드시 '나'와 대면케 될지니
하여 '나'란 나의 생명이란
그 원시의 본연한 자태를 다시 배우지 못하거든
차라리 나는 어느 사구(砂丘)에 회한 없는 백골을 쪼이리라

詩

유치환 시인의 작품에서 애송시를 꼽으라면 "사랑하는 것은/ 사랑을 받느니보다 행복하나니라./ 오늘도 나는 너에게 편지를 쓰나니/ 그리운 이여, 그러면 안녕!/ 설령 이것이 이 세상 마지막 인사가 될지라도/ 사랑하였으므로 나는 진정 행복하였네라."라는 시「행복」을 떠올릴 독자도 있겠다. 그만큼 '오늘도 나는 너에게 편지를 쓰나니'라는 구절은 우리에게 친숙하다.

실제로 그는 편지의 고수(高手)였다. 일본 유학 시절, 주일학교에서 만난 소녀에게 매일같이 편지를 쓰기 시작했다. 후일 그 소녀와의 결혼식 때 들러리를 섰던 화동(花童)이 먼 훗날 '꽃의 시인'으로 유명해진 김춘수였다. 시조 시인 이영도에게 보냈던 편지들은 책으로 묶이기도 했다. "파도야 어쩌란 말이냐/ 파도야 어쩌란 말이냐/ 임은 뭍같이 까딱 않는데/ 파도야 어쩌란 말이냐/ 날 어쩌란 말이냐"(「그리움」)나, "바람 센 오늘은 더욱더 그리워/ 진종일 헛되이 나의 마음은/ 공중의 깃발처럼 울고만 있나니/ 오오, 너는 어드메 꽃같이 숨었느냐"(「그리움」)와 같은 절절한 연시들은 바로 사랑의 편지에서 비롯되었으리라.

그러나 이런 '사랑의 시인'과는 사뭇 다른, '의지의 시인', '허무의 시인'의 면모가 유치환의 진면목에 더 가깝다.

형이상학적인 역설을 근간으로 하는 「생명의 서」는 그의 시 정신의 정수를 보여 준다. 생명이 부대끼는 병든 상태에서 무생명의 공간, 바로 "저 머나먼 아라비아의 사막"을 찾아간다는 것 자체가 역설이다. 사멸, 영겁, 허적 등 관념적 시어가 사막의 무생명성을 강조한다. 또한 열사의 끝 그 "영겁의 허적" 속에 "호올로" 맞는 고독이 열렬하다는 것, 생명 그 "원시의 본연한 자태"를 "회한 없는 백골"이 될 때까지 배우겠다는 것에서도 생명에의 역설은 두드러진다. 모든 생명의 본연은 무(無)다. 생명의 시작은 죽음의 끝과 이어져 있다. 그러기에 사멸의 땅 사막에서 근원적 생명을 배우려는 것이리라.

    대낮의 태양이 이글거리고 영겁의 시간이 층층이 새겨진 사막의 적막, 그 열렬한 고독 한가운데서 영원한 생명에의 충동이 샘솟는 단독자가 있다. 물 한 줄기 찾을 수 없는 사멸의 사막 끝을 생명에의 의지를 등에 지고 낙타처럼 묵묵히 걸어가고 있다. 그러기에 그의 생명의 '서(書)'는 생명이 충만한 삶의 서(序)와 서(誓)뿐만 아니라 경전의 의미까지도 담고 있다. 이렇듯 그의 시는 형이상학적 전통이 희박한 우리 현대시사에서, 드물게도 인간의 의지 혹은 정신적 높이의 한 정점을 보여 주고 있다. 그를 '생명파 시인'이라 부르는 까닭이고 '사막'하면 그의 시가 떠오르는 까닭이다.

칼로 사과를 먹다

황인숙

사과 껍질의 붉은 끈이
구불구불 길어진다.
사과즙이 손끝에서
손목으로 흘러내린다.
향긋한 사과 내음이 기어든다.
나는 깎은 사과를 접시 위에서 조각낸 다음
무심히 칼끝으로
한 조각 찍어 올려 입에 넣는다.
"그러지 마. 칼로 음식을 먹으면
가슴 아픈 일을 당한대."
언니는 말했었다.

세상에는
칼로 무엇을 먹이는 사람 또한 있겠지.
(그 또한 가슴이 아프겠지)

칼로 사과를 먹으면서
언니의 말이 떠오르고
내가 칼로 무엇을 먹인 사람들이 떠오르고
아아, 그때 나,
왜 그랬을까……

나는 계속
칼로 사과를 찍어 먹는다.
(젊다는 건,
아직 가슴 아플
많은 일이 남아 있다는 건데.
그걸 아직
두려워한다는 건데.)

詩

　　황인숙 시인은 좀체 변하지 않는 사람이다. 사는 방식도, 취향도, 생각도, 표정도, 말투도, 심지어 헤어스타일까지도. 황 시인의 절친한 후배 장석남 시인은 사석에서 이렇게 얘기한 적 있다. 10년이 지나고, 20년이 지나도, 이제 30년이 지나가는데도 정말 안 변하는 사람이 황인숙 선배라고. 그쯤이면 도(道)의 경지라고.
　　새들은 변하지 않는다. 늙지 않는다. 말하자면 그는 '새' 과다. '하늘을 자유롭게 풀어놓는' 새처럼 그는 명실상부한 '프리랜서'로 30여 년을 자유롭게 살고 있다. 글을 쓰며(맛깔스러운 그의 산문은 이미 정평이 나 있다.) 세든 집에서 혼자 산다. 책과 음악과 식도락과 고양이(들)와 그의 단짝 벗들과 더불어 산다. "마감 닥친 쪽글을 쓰느라 낑낑거리며/ 잡문 없는 세상에서 살고 싶다! 부르짖는/ 가난하고 게으른 시인이/ 그 동네에도 살고 있"(「파두─비바, 알파마!」)는 것이다.
　　타인에게 칼을 건넬 때는 반드시 칼등을 잡고 칼날이 자신에게 향하도록 건네는 것이 예의다. 이사 갈 때 칼을 버리고 가면 그 집과의 인연을 끊고 가는 것이고, 부엌에 칼을 아무렇게나 놓으면 가족이 다치거나 돈이 모이지 않는다고 한다. 칼(날)이 날카롭기 때문에 이런 금기들이 생겨났을 것이다. "칼로 음식을 먹으면 가슴 아픈 일을 당한"다는 금기도 마찬가지다. 예전에도 칼로 사과를 먹다가 언니에게 이 금기의 말을 들은 적이 있건만, 지금도 여전히 시인은 사과 껍질을 깎던 칼로 사과를 찍어 먹는다. 칼로 사과를 먹으며 누군가에게 칼로 사과를 먹였던 일을 떠올린다.

　이 시의 맛을 깊게 하는 건 마지막 연이다. "젊다는 건, 아직 가슴 아플 많은 일이 남아 있다는 건데. 그걸 아직, 두려워한다는 건데." 오래 되짚어 보게 하는 구절이다. 젊지 않은데도 여전히 가슴 아플 일들이 줄지 않는 걸 보면 칼로 사과를 너무 많이 먹었나 보다. 칼로 주는 사과를 너무 많이 받아먹었나 보다. 칼로 먹고 칼로 먹였던 게 비단 사과뿐이었겠나 싶다. 뭔가를 준다는 게 이렇게 위태로울 때가 있다. 그것이 자기에게든 타인에게든, 그것이 사랑이든 배려든.

　젊음이 아름다운 건, 가슴 아플 많은 일을 두려워하지 않는다는 것이다. 두려워하지 않는 젊음은 그렇기에 두려운 대상이다. 황인숙 시인은 여전히 젊고 경쾌하다. 계속 칼로 사과를 콕콕 찍어 먹을 수 있을 만큼! 부리로 사과를 콕콕 쪼아 먹는 새처럼, 아니 그의 시처럼.

농무(農舞)

신경림

징이 울린다 막이 내렸다
오동나무에 전등이 매어달린 가설무대
구경꾼이 돌아가고 난 텅 빈 운동장
우리는 분이 얼룩진 얼굴로
학교 앞 소줏집에 몰려 술을 마신다
답답하고 고달프게 사는 것이 원통하다
꽹과리를 앞장세워 장거리로 나서면
따라붙어 악을 쓰는 건 쪼무래기들뿐
처녀애들은 기름집 담벽에 붙어 서서
철없이 킬킬대는구나
보름달은 밝아 어떤 녀석은
꺽정이처럼 울부짖고 또 어떤 녀석은
서림이처럼 해해대지만 이까짓
산구석에 처박혀 발버둥친들 무엇하랴
비료값도 안 나오는 농사 따위야
아예 여편네에게나 맡겨 두고

쇠전을 거쳐 도수장 앞에 와 돌 때
우리는 점점 신명이 난다
한 다리를 들고 날나리를 불꺼나
고갯짓을 하고 어깨를 흔들꺼나

詩

'우리'라는 말은 참 오묘하다. '우리'라는 말에는 내가 들어 있고 네가 들어 있다. '지금-여기'라는 울 안에는 '너' 하나를 비롯해 무한한 '너'들이 어깨를 맞대고 있다. 그 '안'에는 널따란 품 같은 수평적 친밀함은 있지만 수직적 높낮이는 없고, '한솥밥'이라는 공모와 공유와 공감의 연대가 자리 잡고 있다. 그래서일까. 우리가 우리를 우리라고 부를 때 뜨끈뜨끈한 끈기가 우리의 어깨를 감싸곤 한다. 신경림 시인은 '우리'라는 시어를 우리의 시와 현실 속에 말뚝처럼 세워 놓았다.

긴급조치가 발령되기 시작했던 1974년, 창작과비평사에서 출간된 시집 『농무』는 '우리' 현실의 사실주의적 묘사 하나만으로도 크나큰 시적 발견이었다. 이를테면 "못난 놈들은 서로 얼굴만 봐도 흥겹다/ 이발소 앞에 서서 참외를 깎고/ 목로에 앉아 막걸리를 들이켜면/ 모두들 한결같이 친구 같은 얼굴들"(「파장(罷場)」)이라며 민중의 삶과 민중의 연대감을 살갑게 담아내곤 했다. 혹은 "우리의 슬픔을 아는 것은 우리뿐/ (……)/ 우리의/ 괴로움을 아는 것은 우리뿐"(「겨울밤」)이라며 농민들의 애환과 정서를 일체의 수식 없이 단숨에 끌어올리곤 했다. 그리하여 이 시집은 '하나의 민중적 경사'로,

1970년대 '민중시의 물꼬를 튼' 시집으로 평가되었다.

　농무는 두렛일을 하며 두레패들과 함께 놀아야 하는 농악과 춤이다. 그러니 본래의 무대는 논두렁이나 밭두렁이어야 마땅하다. 그러나 이 시에서 농무는 운동장의 가설무대에서 분을 바르고 구경꾼들을 위한 볼거리로 전락해 있다. 산업화와 도시화로 비어 가고 쇠락해 가는 농촌 현실을 단적으로 보여 준다. 술과 노름, 빚과 주정, 싸움과 울음만 늘어나는 농촌의 현실이 답답하고 고달프고 원통해서 농투성이인 '우리'는 소주를 마신다. 술잔이 돌고 술기운 취해서 걸립패의 후예인 '우리'는 보름달 아래 꽹과리를 앞장세워 장거리에 나선다.

　소 시장을 거쳐 도살장을 돌며, 임꺽정과 그의 배신자 서림이처럼 한패가 되어 놀아 보지만, "쪼무래기 처녀애들"이나 꼬일 뿐이다. 돌고 돌면서 점점 더해 가는 '우리'의 신명에는 술기운과 분노와 원통이 묻어나고, 놀고 놀면서 점점 가벼워진 '우리'의 고갯짓에는 아직 흥과 신바람이 남아 있다. 장삼이사(張三李四) 필부필부(匹夫匹婦)인 '우리'의 고단한 삶을 신명 난 가락에 실어, 치고 빠지는 슬픔과 해학의 정조가 일품이다.

진달래꽃

김소월

나 보기가 역겨워
가실 때에는
말없이 고이 보내 드리우리다

영변에 약산
진달래꽃
아름 따다 가실 길에 뿌리우리다

가시는 걸음 걸음
놓인 그 꽃을
사뿐히 즈려밟고 가시옵소서

나 보기가 역겨워
가실 때에는
죽어도 아니 눈물 흘리우리다

詩

　　김소월 시인을 생각하면 노랫가락이라는 말이 먼저 떠오른다. 무엇보다 그의 시가 많은 노래로 불렸기 때문일 것이다. 동요 "엄마야 누나야 강변 살자"(「엄마야 누나야」)에서 시작해 정미조의 "당신은 무슨 일로 그리합니까"(「개여울」), 홍민의 "낙엽이 우수수 떨어질 때"(「부모」), 장은숙의 "못 잊어 생각이 나겠지요"(「못 잊어」), 건아들의 "봄 가을 없이 밤마다 돋는 달도"(「예전엔 미처 몰랐어요」), 활주로의 "가고 오지 못한다는 말을"(「나는 세상 모르고 살았노라」), 최근 마야의 "나 보기가 역겨워 가실 때에는"(「진달래꽃」)에 이르기까지. 가히 '국민 시인'이라 칭할 만하다.

　　그런 김소월 시인을 생각하면 또 제일 먼저 떠오르는 시가 「진달래꽃」이다. 소월은 외가인 평안북도 구성에서 태어나 그 가까운 정주에서 자랐으며 그 가까운 곽산에서 서른한 살의 나이에 과음과 아편 과다 복용으로 유명을 달리했다. 정주 가까운 영변에는 약산이 있고, 약산은 진달래꽃으로 유명하다. 그가 보았던 '세상에서 가장 아름다운 꽃'은 약산의 진달래꽃이었을 것이다. 그는 '영변에 약산 진달래꽃'을 '세상에서 가장 아름다운 사랑의 꽃'으로 보통명사화시키고 있다.

　　"가실 때에는"이라는 미래 가정형에 주목해 볼 때, 이 시는 사랑의 절정에서 이별을 염려하는 시로 읽힌다. 사랑이 깊을 때 사랑의 끝인 이별을 생각해 보는 건 인지상정. 백이면 백, 헤어질 때 "말없이 고이" 보내 주겠다고 한다. 죽어도 눈물만은 보이지 않겠다고 한다. 아무튼 그땐 그렇다! 그 사랑을 아름답게 기억해 달라는 소망이야말로 이별의 로망인바, 떠나는 길에 아름다운 진달래꽃을 "아름 따다" 뿌리려는 이 유일 것이다. 특히 '아름'은 두 팔로 안았던 사랑의 충만함을 환기시켜 주는 감각적 시어다. 그리고 그 꽃을 "사뿐히 즈려밟고" 떠나는 건 아무래도 여자에게 더 어울린다. "말없이 고이 보내 드리우리다"나 "죽어도 아니 눈물 흘리우리다"라는 결기야말로 남자다운 이별의 태도일 것이다.

    나 보기가 힘들어 떠나실 그때, 눈물을 참기란 죽는 일만큼이나 힘겨운 일이지만 그래도 당신을 '말없이 고이' 보내드리겠고, 당신이 '사뿐히 즈려밟고' 떠날 수 있도록 눈물만은 보이지 않겠다는 것이 이 시의 전모다. 얼마나 애틋한 사랑시인가. 이 사랑시는 영혼을 다해 죽음 너머를 향해 부르는 절절한 이별시 "선 채로 이 자리에 돌이 되어도/ 부르다가 내가 죽을 이름이여!/ 사랑하던 그 사람이여!/ 사랑하던 그 사람이여!"(「초혼(招魂)」)에 의해 비로소 완성되는 것이리라. 이렇게 노래하는 시인을 어떻게 사랑하지 않을 수 있을까.

반성 704

김영승

밍키가 아프다
네 마리 새끼가 하도 젖을 파먹어서 그런지
눈엔 눈물이 흐르고
까만 코가 푸석푸석 하얗게 말라붙어 있다
닭집에 가서 닭 내장을 얻어다 끓여도 주어 보고
생선 가게 아줌마한테 생선 대가리를 얻어다 끓여 줘 봐도
며칠째 잘 안 먹는다
부엌 바닥을 기어 다니며
여기저기 똥을 싸 놓은 강아지들을 보면
낑낑낑 밍키를 보며 칭얼대는
네 마리 귀여운 강아지를 보면
나는 꼭 밍키의 남편 같다.

詩

김영승은 반성의 시인이다. 그는 술이나 잠에서 반쯤 깬 반성(半醒)의 시인이고 기존의 서정시로부터 반 옥타브쯤 들떠 읊조리는 반성(半聲)의 시인이다. 가난과 무능으로 일그러진 욕망의 고백을 일삼는 반성(反性)의 시인이고, 구도자적 치열함으로 당대와 스스로를 부정하는 형이상학적 반성(半聖)의 시인이다. 그는 이 모든 반성의 삶을 돌이켜 살피며 반성(反省)한다. 반성하는 기록자, 반성하는 반항인, 반성하는 백수(白手), 반성하는 주정꾼, 반성하는 폐인, 반성하는 시인이 바로 그다. 그런 의미에서 그의 반성시는 취언(醉言)이고 포르노이고 일기이고 철학이고 종교이기도 하다.

'밍키'는 그의 시에 자주 등장하는 강아지 이름이다. "놀랍고 분(憤)해 죽겠다는 듯 밍키가 짖는다/ '저젓…… 영키야!' / 하며 어머니가 소리치고 나서 웃는다// 영승이를 부르시려 한 건지/ 밍키를 부르시려 한 건지// 하긴 나를 밍승이라고 부르면 또 어떠랴"(「반성 764」)라며 슬쩍 스스로를 밍키에게 얹어놓곤 한다. 이 시에서도 병들고 구차한 밍키의 모습에 자신의 삶을 비춰 보며, 스스로가 밍키의 남편 같다며 너스레를 떤다. 밍키도 아닌, 밍키의 남편 같다는 데서 날카롭고 쓸쓸한 유머는 더해진다. 밍키에 대한 사랑은, 설움과 누추함 속에 살아가는 스스로에 대한 동병상련일 것이다. 실은 아내도 없이 지하 단칸방에서 상처투성이로 뒹구는 백수의 외로움과 고독과 소외를 얘기하려는 것이리라.

그가 동병상련하는 것은 구차한 강아지 밍키만이 아니다. 발로 눌러 끄는 선풍기(「반성 743」)나 똥통에 빠진 슬리퍼 한 짝(「반성 827」)이나 만신창이가 된 풍뎅이(「반성 608」)에게도 마찬가지다. "나는 늘 아름답습니다./ 자신 있게 나는 늘 아름답습니다./ 그러기에 슬픈 사람일 뿐이지만/ 그렇지만 나는 갖다 버려도/ 주워 갈 사람 없는 폐인입니다."(「아름다운 폐인」)라고 노래하는 그의 자조와 위악과 오만은, 이렇게 '바닥'을 치고 있는 것들에 대한 연민과 사랑에서부터 비롯되곤 한다.

이렇게 반성의 끝을 향해 치달았던 그의 시는 한 개인과 젊음이 차압당한 폭력적이었던 1980년대에 대한 저항이자, 그 회복을 위한 자존과 실존의 고해성사일 것이다. 우리 시사에서 드물게도 외설 시비를 불러일으켰던 『반성』은 '아름다운 폐인'의 경지에서 '시인됨' 혹은 '시됨'의 가능성을 새롭게 모색한 시집이라 할 수 있다.

성북동 비둘기

김광섭

성북동 산에 번지가 새로 생기면서
본래 살던 성북동 비둘기만이 번지가 없어졌다.
새벽부터 돌 깨는 산울림에 떨다가
가슴에 금이 갔다.
그래도 성북동 비둘기는
하느님의 광장 같은 새파란 아침 하늘에
성북동 주민에게 축복의 메시지나 전하듯
성북동 하늘을 한 바퀴 휘 돈다.

성북동 메마른 골짜기에는
조용히 앉아 콩알 하나 찍어 먹을
널찍한 마당은커녕 가는 데마다
채석장 포성이 메아리쳐서
피난하듯 지붕에 올라앉아
아침 구공탄 굴뚝 연기에서 향수를 느끼다가
산1번지 채석장에 도로 가서

금방 따낸 돌 온기에 입을 닦는다.

예전에는 사람을 성자처럼 보고
사람 가까이
사람과 같이 사랑하고
사람과 같이 평화를 즐기던
사랑과 평화의 새 비둘기는
이제 산도 잃고 사람도 잃고
사랑과 평화의 사상까지
낳지 못하는 쫓기는 새가 되었다.

詩

 김광섭 시인의 호는 이산(怡山), '기쁜 산'이다. 그는 시인일뿐만 아니라 창씨개명을 반대한 애국 교육자, 해방 후 중앙문화협회를 창립한 우익 문단의 건설자, 이승만 대통령 공보비서관을 지낸 정치인, 언론사 편집국장을 지낸 언론인으로 우리의 현대사를 정말 '산'처럼 살았다. 실제로도 그는 늘 산을 향해 있었다. "내가 사는 데서는/ 새벽녘이면 산들이/ 학처럼 날개를 쭉 펴고 날아와서는/ 종일토록 먹도 않고 말도 않고 엎뎄다가는/ 해 질 무렵이면 기러기처럼 날아서/ 틀만 남겨 놓고 먼 산속으로 간다"(「산」)라고 노래하곤 했다.

 '남포 깐다', '남포 튼다'는 말이 있었다. 남포란 다이너마이트를 이르는 말이다. 이 개발 저 개발로 너도나도 산업화의 역군이었던 1960~1970년대 내내 대한민국 전역에 이 산 저 산을 깨는 남포 소리 울려 퍼졌다. 산을 깎아 돌을 채취하고 도로를 만들고 빌딩을 올리곤 했다. 뻥 뻥 남포를 까면 산에 살던 뭇 짐승들은 놀란 가슴을 쓸어내리고 강에 살던 뭇 물고기들은 기절을 해 배를 뒤집은 채 떠내려가기도 했다. 뻥 뻥 남포 까는 소리에 밤 보따리를 싸 들고 서울로, 서울로 몰려든 사람들이 산동네, 달동네로 몰리던 시절이었다.

 이 시의 창작 배경에 대해 시인 스스로 이렇게 말한 적이 있다. "돌 깨는 소리가 채석장에서 울리면 놀라서 날아오르는 새들, 그러나 저것들이 우리에게 평화의 메시지를 전해 줄 것인가. 돌 깨는 산에서는 다이너마이트가 터지고 집들은 모두 시멘트로 지어서 마음 놓고 내릴 장소도 없는 저것들이란 데 생각이 머물렀어요." 고혈압으로 쓰러져 투병하던 1960년대 후반 성북동 집 마당에 앉아 하늘을 돌아 나가는 비둘기떼를 보고 착상했다고 한다.

성북동 산과 산동네가 개발되면서 산비둘기는 둥지를 빼앗겼다. 개발이라는 이름으로 인간들이 산을 깨는 것과 비둘기들 가슴에 금이 가는 것을 대비시키고 있다. 이제 산비둘기들은 "산도 잃고 사람도 잃고/ 사랑과 평화의 사상까지/ 낳지 못하는 쫓기는 새가 되었"다. 그렇게 쫓긴 산비둘기들이 거리로, 광장으로, 고가 밑으로, 옥상으로, 창턱으로 흰 똥을 찍찍 내갈기며 뒤뚱뒤뚱 걸어 다니고 있다. 산동네, 달동네 사람들도 그렇게 내쫓기곤 했다. 재개발과 산업화와 도시화와 문명화의 이면이었다.

유심초가 노래로 불렀던 "저렇게 많은 중에서/ 별 하나가 나를 내려다본다// 이렇게 많은 사람 중에서/ 그 별 하나를 쳐다본다// 밤이 깊을수록/ 별은 밝음 속에 사라지고/ 나는 어둠 속에 사라진다// 이렇게 정다운/ 너 하나 나 하나는/ 어디서 무엇이 되어/ 다시 만나랴"라는 그의 시 (「저녁에」)를 읊조려 본다.

국토서시 (國土序詩)

조태일

발바닥이 다 닳아 새살이 돋도록 우리는
우리의 땅을 밟을 수밖에 없는 일이다.

숨결이 다 타올라 새 숨결이 열리도록 우리는
우리의 하늘 밑을 서성일 수밖에 없는 일이다.

야윈 팔다리일망정 한껏 휘저어
슬픔도 기쁨도 한껏 가슴으로 맞대며 우리는
우리의 가락 속을 거닐 수밖에 없는 일이다.

버려진 땅에 돋아난 풀잎 하나에서부터
조용히 발버둥치는 돌멩이 하나에까지
이름도 없이 빈 벌판 빈 하늘에 뿌려진
저 혼에까지 저 숨결에까지 닿도록

우리는 우리의 삶을 불 지필 일이다.

우리는 우리의 숨결을 보탤 일이다.
일렁이는 피와 다 닳아진 살결과
허연 뼈까지를 통째로 보탤 일이다.

詩

육척 거구, 임전무퇴, 대의명분의 시인.「쑥대머리」를 부르며 '소주에 밥 말아 먹던' 두주불사(斗酒不辭)의 시인. 국토와 식칼의 시인. 의리와 정(情)의 시인. 조태일 시인에게 붙여진 수식들이다. 그는「국토」연작시와「식칼론」연작시로 1970년대 우리 시의 저항성에 일획을 더했다. 사람들은 하나같이 그에 대해 '몸도 크지만 마음이 더 큰 사람'이라고 입을 모은다. 스스로도 "이 조가야, 그 거창한 체구엔/ 노동을 하는 게 썩 어울리는데/ 시를 쓴다니 허허허 우습다, 조가야"(「석탄 · 국토 15」)라고 노래했다.

감옥에 갇힌 후배의 가솔들을 찾아 쌀과 연탄을 사 주고, 언제나 제자들 밥부터 챙기는 격의 없는 스승이었다 한다. 술에 취한 야밤에 장독대에 올라가 혀 꼬부라진 소리로 독재자는 물러가라 물러가라 물러가라 삿대질 삼창을 일삼고, 어머니가 돌아가신 뒤에도 어머니 통장에 다섯 해나 더 용돈을 송금했다고 한다. 그의 대학 은사였던 조병화 시인은 돌아가시기 직전 앞서 간 제자를 추모하며 "조태일은 시인이다 착하고 정직하고 곧고 의리의 시인이다 어린이도 느끼는 시인이다"라는 글을 남겼다. 이념적 지향성은 서로 달랐으되, 스승은 젓갈 행상을 하던 홀어머니 밑에서 공부하는 제자의 형편을 배려했고 제자는 두고두고 스승에게 극진했다.

나라 국(國), 흙 토(土)! 국토는 우리 땅이다. 우리의 하늘 밑이고 삶이고, 우리의 가락이고, 우리의 혼이고 숨결이다. 그뿐 아니다. 피와 살과 뼈에 이르는 우리의 온몸 그 자체이다. 국토가 있어야 나라도 있고 국가도 있고 민족도 있다. 이 마땅하고 당연한 우리의 땅을 잃어버렸을 때 "빼앗긴 들에도 봄은 오는가"(이상화), "바라건대는 우리에게 우리의 보습대일 땅이 있었더면"(김소월), "나는 갈고 심을 땅이 없음으로 추수(秋收)가 없습니다"(한용운)라고 노래했다.

조태일 시인에게 국토 "조용히 발버둥치는 돌멩이", "이름도 없이 빈 벌판 빈 하늘에 뿌려진 혼"으로 상징되는 소외된 민중의 다른 이름이었다. 이 땅의 주인인 그들을 위해 "일렁이는 피", "다 닳아진 살결", "허연 뼈"까지 보태리라는 시인의 뜨거운 의지가 곧고 힘차다.

"발바닥이 다 닳아 새살이 돋도록 우리는/ 우리의 땅을 밟을 수밖에 없는 일이다."라고 국토에 대한 숙명적 사랑을 노래했던 시인은, 간암으로 1999년 9월 7일, 쉰여덟의 나이로 "풀씨가 날아다니다 멈추는 그곳/ 그곳이 나의 고향,/ 그곳에 묻"(「풀씨」)혔다. 그는 스물여덟 살에 "내가 죽는 날은 99년 9월 9일 이전"(「간추린 일기」)이라고 썼다. 미래를 예언한 그의 시참(詩讖)이 서늘하다.

투명한 속

이하석

유리 부스러기 속으로 찬란한, 선명하고 쓸쓸한
고요한 남빛 그림자 어려 온다, 먼지와 녹물로
얼룩진 땅, 쇳조각들 숨은 채 더러는 이리저리 굴러다닐 때,
버려진 아무것도 더 이상 켕기지 않을 때,
유리 부스러기 흙 속에 깃들어 더욱 투명해지고
더 많은 것들 제 속에 품어 비출 때,
찬란한, 선명하고 쓸쓸한, 고요한 남빛 그림자는
확실히 비쳐 온다.

껌종이와 신문지와 비닐의 골짜기,
연탄재 헤치고 봄은 솟아 더욱 확실하게 피어나
제비꽃은 유리 속이든 하늘 속이든 바위 속이든
비쳐 들어간다. 비로소 쇳조각들까지
스스로의 속을 더욱 깊숙이 흙 속으로 열며.

詩

투명한 것은 비친다. 통과하며 통과시킨다. 더 많은 것들을 제 속에 '품어 비춘다.' 투명한 속은 제 속을 훤히 드러내며 더 많은 것들을 제 몸에 비추어 낸다. 그리고 더 많은 것들은 투명한 속을 깊숙이 열며 '비쳐 들어간다.' 시간의 흔적과 문명의 찌꺼기를 받아들이고 뱉어 내는 유리 부스러기의 투명한 속은 보호구역이다. 그 투명한 속은 끝이 없다. 투명한 유리 속 제비꽃처럼, 그 찬란하고 선명하고 쓸쓸하고 고요한 남빛 그림자처럼.

이하석 시인의 「투명한 속」을 읽다 보면 영화 「밀양(密陽)」에서 '햇살이 시궁창을 비추는' 마지막 장면이 떠오른다. 마당 한구석의 흙탕물을 비추는 그 비밀스러운 햇볕 혹은 숨어 있는 햇살에 카메라 시선은 오래 머물러 있었다. 이하석 시인의 시선이 그렇다. 그는 도시 문명 속에서 구석지고 버려지고 망가지고 폐허화된 '것들'의 뒷풍경을, 클로즈업된 카메라 시선으로 보여 준다. 인간을 편리하고 안락하게 해 주는 현대 문명의 뒷면에는 산업 쓰레기와 비인간적 삶이 있다. 그는 1970년대 후반 그가 살던 대구 주변에 널린 산업 쓰레기 현장을 흑백사진으로 찍어 그 사진을 바탕으로 시 작업을 했다고 한다. 사진처럼 감정을 배제한 채. 쓰레기 가득한 이러한 낯선 시선은 '냉혹한 사실주의', '극사실주의'로 평가되었으며 1980년대 우리 시단에 잔잔한 반향을 일으켰다.

첫조각, 유리병, 껌종이, 신문지, 비닐 등 산업화의 노폐물들은 흙과 풀뿌리에 뒤엉켜 덮여 있다. "폐차장 뒷길, 석양은 내던져진 유리 조각/ 속에서 부서지고, 풀들은 유리를 통해 살기를 느낀다./ 밤이 오고 공기 중에 떠도는 물방울들/ 차가운 쇠 표면에 엉겨 반짝인다./ 어둠 속으로 투명한 속을 열어 놓으며"(「뒷쪽 풍경 1」)에서처럼, 그것들은 쉽사리 흙 속으로 스며들지 못하고 풀과 더불어 성장하지 못한다. 그러나 그 '것들', 오랜 시간 후 흙과 풀뿌리에 깃들어 투명해지고 흙과 풀을 제 속에 품어 비출 때, 그 '것들'의 투명한 속은 흙과 풀을 통과하며 통과시킨다. 먼지와 녹물과 날카로움과 독성을 잠재우며 또 다른 이슬의 반짝임 쪽으로 뻗어 나간다.

이 시도 버려진 유리병(조각)에 카메라를 고정해 놓고 있다. 유리의 반짝임과 투명함 쪽으로 흙과 풀들은 뻗어 나간다. '찬란한, 선명하고 쓸쓸한, 고요한 남빛 그림자'로 상징되는 '제비꽃'은 버려진 유리 부스러기의 '투명한 속'을 비쳐 오고 비쳐 들어간다. 봄의 기운 혹은 생명의 싹 혹은 자연의 힘이다. 우리는 날마다 보고 있지 않은가. 유리 부스러기 속 제비꽃 같은 남빛 그림자를! 시멘트 콘크리트 틈으로 돋아나는 노란 민들레꽃이나, 타일 콜타르 틈으로 삐쳐 나온 연한 세 잎 네 잎 클로버의 경이 그 자체를!

보리피리

한하운

보리피리 불며
봄 언덕
고향 그리워
피-ㄹ 닐리리.

보리피리 불며
꽃 청산
어린 때 그리워
피-ㄹ 닐리리.

보리피리 불며
인환(人寰)의 거리
인간사 그리워
피-ㄹ 닐리리.

보리피리 불며

방랑의 기산하(幾山河)
눈물의 언덕을 지나
피-ㄹ 닐리리.

詩 초록이 지천으로 팬 청보리밭을 지날 적이면 보리피리가 불고 싶어진다. 보리의 싹이 나오기 전에 보릿대를 꺾어 불면 피-ㄹ 소리가 났다. 보릿대를 적당한 길이로 잘라 손톱으로 작은 구멍을 내 요령껏 불면 피-ㄹ 닐리리 소리가 나기도 했다. 피-ㄹ 닐리리. 피-ㄹ 닐리리는 향수의 소리다.

「보리피리」의 시인 한하운. 그의 또 다른 이름은 '문둥이'였다. 본명은 태영(泰永). 함경남도 함주에서 지주의 아들로 태어나, 1936년 열일곱 살에 한센병 진단을 받았다. 중국 베이징대학 농학원을 졸업하고 귀국해 양양한 미래를 시작하던 스물다섯 살에 다시 악화되어 직장도 그만두고 숨어들었다. 이때 이름도 하운(何雲, 어찌 내 인생이 떠도는 구름이 되었느냐.)으로 바꾸었다. 함흥학생사건에 연루되어 반동분자로 투옥되었다가 이듬해 월남했다. 구걸을 하며 연명하다 명동 거리에서 시를 파는 사람으로 유명해졌다.

1949년 《신천지》에 "가도 가도 붉은 황톳길/ 숨 막히는 더위뿐이더라.// 낯선 친구 만나면/ 우리들 문둥이끼리 반갑다. (……) 신을 벗으면/ 버드나무 밑에서 지까다비를 벗으면/ 발가락이 또 한 개 없다.// 앞으로 남은 두 개의 발가락이 잘릴 때까지/ 가도 가도 천 리, 먼 전라도 길."(「전라도 길—소록도 가는 길에」) 외 12편이 실리면서, '불우의 시인', '천작(天作)의 죄수', '정처 없는 유리(遊離)의 가두(街頭)에서 방황하고 섰는 걸인'으로 시단에 소개되었다.

「보리피리」를 읽다 보면 말 그대로 '천형(天刑)'을 짊어지고 살았던 시인의 삶과 세월이 떠오른다. 보리피리를 불며 가는 '꽃 청산', '인환(인간의 세계)의 거리', '방랑의 기산하(많은 산과 들)' 등은 그의 고향 함주에서부터 남쪽 끝 소록도까지 이르는 과정을 상징하는 것만 같다. 4월의 고향 들판에서 불었던 보리피리를 불며 그는 내내 그 멀고 먼 거리를, 떠도는 구름처럼 흘러온 것이다. "나는/ 나는/ 죽어서/ 파랑새 되어// 푸른 하늘/ 푸른 들/ 날아다니며// 푸른 노래/ 푸른 울음/ 울어 예으리// 나는/ 나는/ 죽어서/ 파랑새 되리"(「파랑새」)라고 노래하며.

이 시는 신문사에 갔다가 즉석에서 써 준 시다. 가곡이나 가요로 많이 불린 시이기도 하다. 그의 삶이 그토록 불우하고 파란만장하지 않았더라면 이 단순한 시가 그토록 많은 사랑을 받았을까. 창끝처럼 파랗게 패는 보리가, 지는 꽃처럼 문드러지는 붉은 살끝을 거느리고 있기에 봄의 보리피리 소리가 한층 깊고 서럽다.

솟구쳐 오르기 2

김승희

상처의 용수철
그것이 우리를 날게 하지 않으면
상처의 용수철
그것이 우리를 솟구쳐 오르게 하지 않으면

파란 싹이 검은 땅에서 솟아오르는 것이나
무섭도록 붉은 황토밭 속에서 파아란 보리가
씩씩하게 솟아올라 봄바람에 출렁출렁 흔들리는 것이나
힘없는 개구리가 바위 밑에서
자그만 폭약처럼 튀어 나가는 것이나
빨간 넝쿨장미가 아파아파 가시를 딛고
불타는 듯이 담벼락을 기어 올라가는 것이나
민들레가 엉엉 울며 시멘트 조각을 밀어내는
것이나
검은 나뭇가지 어느새 봄이 와
그렁그렁 눈물 같은 녹색의 바다를 일으키는 것이나

상처의 용수철이 없다면
삶은 무게에 짓뭉그러진 나비 알
상처의 용수철이 없다면
존재는
무서운 사과 한 알의 원죄의 감금일 뿐
죄와 벌의 화농일 뿐

詩　　김승희 시인의 시를 읽노라면 '시는 상처의 꽃'이라는 말이 입에 돈다. 상처에서 피처럼 피어나는 꽃, 그것이 시라는 생각에 미친다. 우리는 가족, 사랑, 출산, 질병, 밥벌이, 이념, 사회를 떠나 살 수 없기에 우리의 상처는 우리의 보금자리에서 생긴다. 매일 매일이 상처투성이다. 상처로부터 솟구쳐 오르게 하는 '용수철'이 없다면 우리는 상처로 짓뭉그러져 있을 것이다. 우리 몸에 내장된 "상처의 용수철"이 아니었다면 우리의 삶은 상처의 화농에 파묻혀 있을 것이다. 튕겨 오르는 힘, 솟구쳐 오르는 힘이 있기에 우리는 매일 새롭게 아침을 맞는다.

「솟구쳐 오르기」 연작시들을 통해 시인은 "활활 타오르는 상처의 꽃에서 훨훨 날아가는 새의 날개의 푸드득 솟구쳐 오름"(시집 『세상에서 가장 무거운 싸움』의 자서)을 찾아 어둡고 지리멸렬한 일상의 삶 위로 튀어 오른다. 자신에게 상처를 입힌 창을 장대로 삼아 장대높이뛰기를 하듯 하늘 위로 솟구쳐 오르고(「솟구쳐 오르기 1」), 상처의 힘을 깨닫기 위해 긴 머리에 성냥불을 당기고 싶어 하고(「솟구쳐 오르기 3」), 상처의 혼 아니 혼 속에 간직한 상처의 오케스트라에서 터져 나오는 황금 별들의 찬란한 음악을 듣기(「솟구쳐 오르기 10」)도 한다. 상처를 비상의 날개로 삼아 날아오르고자 한다.

그는 "시인은 천형을 앓는 무당"과 같은 존재라고 쓴 적이 있다. 무당이 고통의 칼날 위에서 춤추는 자라면, 상처의 작두를 타고 상처의 작두 위에서 공중 부양을 하는 이가 시인일 것이다. 그 역시 고정희, 최승자, 김혜순과 더불어 1970년대 여성시의 새로운 솟구침을 주도한 시인으로 평가되며, 시 쓰기 외에도 에세이, 평론, 소설, 동화, 논문, 번역 등 분출하는 글쓰기를 펼쳐 보이고 있다. 이 시에서도 상처에 내재한 자기 갱생 및 자기 정화의 힘을 노래하고 있다. 봄은 겨울에서 솟구쳐 오른다. 파란 싹, 파아란 보리, 개구리, 빨간 넝쿨장미, 민들레, 나뭇가지의 새 눈의 몸을 빌려 솟아오른다. 땅속이나 바위 밑에서부터, 담벼락을 타고 시멘트를 뚫고, 텅 빈 허공을 일으키며 기어오른다. 떨어져야 다시 튀어 오르는 공처럼 내내 얼어 있던 것들이, 넘어져야 다시 일어서는 오뚝이처럼 내내 고통스러웠던 것들이, 당겨져야 다시 줄어드는 고무줄처럼 내내 아팠던 것들이, 오늘도 '상처의 용수철'을 타고 튕겨 오른다. 내일도 스카이콩콩을 타고 날아오를 것이다.

아아 오오 우우! 기지개를 켜며 솟구쳐 오르는 탄성(彈性)의 탄성(歎聲) 소리 가득하다. "쓰러졌던 바로 그 자리에서/ 바다이여 바닥에서/ 무거운 사슬들이 짤랑짤랑 가벼운 빛의 음악이 되는 그날까지"(「무거움 가벼움 솟아오름」).

낙화

조지훈

꽃이 지기로서니
바람을 탓하랴

주렴 밖에 성긴 별이
하나 둘 스러지고

귀촉도 울음 뒤에
머언 산이 다가서다.

촛불을 꺼야 하리
꽃이 지는데

꽃 지는 그림자
뜰에 어리어

하이얀 미닫이가

우련 붉어라.

묻혀서 사는 이의
고운 마음을

아는 이 있을까
저어하노니

꽃이 지는 아침은
울고 싶어라.

詩

　　천지에 꽃 피는 소리 가득하다. 등성이는 등성이대로 기슭은 기슭대로 봄꽃들 넘쳐 난다. 껍질만 살짝 문질러도 생강 냄새가 확 풍기는, 산수유꽃 닮은 생강나무꽃. 사람 환장하게 한다는 산복사꽃, 개살구꽃. 그리고 제비꽃, 메꽃, 달맞이꽃, 애기똥풀꽃, 쑥부쟁이꽃. 본 적 있다. 이 꽃들의 소요! 사람 홀린다는 흰동백꽃. 바람 불 때마다 이리저리 흔들린다는 꿩의바람꽃. 아침이면 수줍은 듯 고개 숙이다가 해가 나면 자줏빛 꽃잎을 활짝 연다는 바람난 처녀꽃 엘레지꽃. 홀아비바람꽃, 너도바람꽃, 며느리배꼽꽃. 아직 못 보았다. 저 꽃들의 고요!

　　"어진 이는 만월(滿月)을 경계하고/ 시인은 낙화를 찬미하나니/ 그것은 모순의 모순이다"(한용운 「모순」)라고 했거늘, 꽃이 떨어지는 소리를 들을 수 있는 사람이야말로 세속의 분별과 속도로부터 한 걸음 물러서 있는 사람이리라. 조지훈 시인은 섭리로서의 소멸에 대한 아름다운 통찰을 보여 준 시인이다. '지조(志操)'를 지킨 논객이었으며, '주정(酒酊)'의 교양과 '주격(酒格)'의 품계를 변별했던 풍류를 아는 학자였으며, 무엇보다 낙화를 찬미할 줄 아는 시인이었다.

　　이 시는 화두처럼 시작한다. "꽃이 지기로서니/ 바람을 탓하랴". 꽃은 바람에 지지 않는다. 피면 지고, 차면 이울기 마련이라서, 꽃은 꽃의 시간이 다해서 지는 것이다. 저 꽃을 지게 하는 건 바람이 아니라 밤을 아침으로 바꾸는 시간이다. 시인은 촛불이 켜진 방 안에서, 주렴 밖으로 꽃이 지는 것을 보고 있다. 아니 꽃이 지는 소리를 듣고 있는 것이리라. 돋았던 별이 하나 둘 스러지는 새벽, 먼 산에서는 소쩍새가 울고 뜰에는 꽃이 지고 있다. 달빛이 고즈넉했던지 꽃 지는 그림자가 미닫이에 비친다. 방 안의 촛불을 꺼야 지는 꽃이 빛을 발한다. 인간의 촛불을 꺼야 어둠 속에서 목숨이 지는 자연의 꽃이 내는 소리를 온전히 들을 수 있다.

그는 범종 소리를 과실이 가지에서 떨어지는 소리에 비유했다. "허공에서 떨어진다. 떨어진 그 자리에서/ 종소리는 터져서 빛이 되고 향기가 되고/ 다시 엉기고 맴돌아/ 귓가에 가슴속에 메아리치며 종소리는/ 웅 웅 웅 웅……/ 삼십삼천(三十三天)을 날아오른다 아득한 것."(「범종(梵鐘)」)이라고. 그 새벽에도 꽃이 지는 소리 웅 웅 웅 웅…… 아득했으리라.

흰 창호지 문을 물들이는, '우련(보일 듯 말 듯 은은하게)' 붉은, 낙화의 그림자! 지는 꽃의 그림자를 나는 이 시에서 처음 배웠다. 꽃이 지고 나서야 비로소 그 꽃이 다시 보인다는 것도. 밤새 진 꽃들 한 치는 쌓이리라. 꽃은 진 후에 더욱 꽃이기에, 지는 꽃의 슬픔을 이리 높고 깊게 맞을 일이다. "꽃이 지는 아침은/ 울고 싶어라", 이 과묵한 슬픔 앞에 목이 멘다.

껍데기는 가라

신동엽

껍데기는 가라.
사월도 알맹이만 남고
껍데기는 가라.

껍데기는 가라.
동학년(東學年) 곰나루의, 그 아우성만 살고
껍데기는 가라.

그리하여, 다시
껍데기는 가라.
이곳에선, 두 가슴과 그곳까지 내논
아사달 아사녀가
중립의 초례청 앞에 서서
부끄럼 빛내며
맞절할지니

껍데기는 가라.
한라에서 백두까지
향그러운 흙가슴만 남고
그, 모오든 쇠붙이는 가라.

詩

　　기화요초(琪花瑤草) 생생화화(生生化化)의 4월을 잔인한 달이라고 노래했던 이는 엘리엇이었다. 우리에게도 4월은 잔인한 달이었다. 부여의 시인, 금강의 시인 신동엽은 이렇게 노래했다. "미치고 싶었다/ 4월이 오면/ 곰나루서 피 터진 동학의 함성/ 광화문서 목 터진 4월의 승리여// 강산을 덮어, 화창한/ 진달래는 피어나는데,/ 출렁이는 네 가슴만 남겨 놓고, 갈아엎었으면/ (……)/ 그날이 오기까지는, 4월은 갈아엎는 달/ 그날이 오기까지는, 4월은 일어서는 달"(「4월은 갈아엎는 달」)이라고. 겨울 땅을 갈아엎어 줘야 봄싹들이 더 잘 일어설 수 있다는 듯.

　　4월 19일이 되면 가장 먼저 떠오르는 시「껍데기는 가라」는 벼락 같은, 천둥 같은 시다. 이 시에 무엇을 더 덧붙일 수 있으랴. 그만큼 이 시는 명명(明明)하고 백백(白白)하다. 1967년에 발표된 이 시는 4·19혁명의 실패, 5·16군사정변, 6·3사태, 베트남전쟁 파병, 분단의 고착, 외세의 개입 등 1960년대의 구체적 시대 상황을 시의 배면에 깔고 있다. 그러니 시인에게 삼천리 한반도의 4월은 껍데기들로 가득했을 것이다.

　　"껍데기는 가라"라고 반복적으로 촉구하지만 사실 이 시의 핵심은 '껍데기'보다는 "중립의 초례청"에 있다. 이 '중립'에는 남과 북, 좌와 우의 이데올로기적 대립을 넘어서려는 시인의 의지가 담겨 있다. 백두에서 한라까지, 동학혁명의 곰나루에서 4·19혁명의 광화문까지, 백제의 후손 아사달과 아사녀의 못다 이룬 사랑에서 신라의 석가탑(無影塔)과 영지(影池)까지 아우르는 이 중립의 스케일은 얼마나 장쾌한지.

이 웅대한 중립의 시공간을 시인은 '껍데기는 가라'라는 문장 하나로 관(貫)하고 통(通)해 낸다. 이 중립이야말로 진정한 알맹이이자 흙가슴이며, "부끄럼 빛내며" 두 몸이 맞절하여 새로운 생명을 잉태할 수 있는 화해의 장(場)이라고 말하고 있다. 1960년대 참여문학을 대표하는 이 시는 이후 민중·민족문학의 이정표 역할을 했다.

"누가 하늘을 보았다 하는가/ 누가 구름 한 송이 없이 맑은/ 하늘을 보았다/ 하는가"(「누가 하늘을 보았다 하는가」)라고 짐짓 물을 때, 시인이 보고자 했던 '하늘'은, "이제 올/ 너그러운 봄은, 삼천리 마을마다/ 우리들 가슴속에서/ 움트리라.// 움터서,/ 강산을 덮은 그 미움의 쇠붙이들/ 눈 녹이듯 흐물흐물/ 녹여 버리"(「봄은」)는 4월의 하늘이었을 것이다. 그런 하늘을 보지 못하는 한, 시인은 여전히 4월이면 껍데기는 가라고 목이 터져라 외치고 싶은 것이고, 향기로운 흙가슴만 남겨 놓고 갈아엎고 싶은 것이다. "그리하여, 다시/ 껍데기는 가라"!

철길

김정환

철길이 철길인 것은
만날 수 없음이
당장은, 이리도 끈질기다는 뜻이다.
단단한 무쇳덩어리가 이만큼 견뎌 오도록
비는 항상 촉촉히 내려
철길의 들끓어 오름을 적셔 주었다.
무너져 내리지 못하고
철길이 철길로 버텨 온 것은
그 위를 밟고 지나간 사람들의
희망이, 그만큼 어깨를 짓누르는
답답한 것이었다는 뜻이다.
철길이 나서, 사람들이 어디론가 찾아 나서기 시작한 것은
아니다.
  내리깔려진 버팀목으로, 양편으로 갈라져
  남해안까지, 휴전선까지 달려가는 철길은
  다시 끼리끼리 갈라져

한강교를 건너면서
인천 방면으로, 그리고 수원 방면으로 떠난다.
아직 플랫포옴에 머문 내 발길 앞에서
철길은 희망이 항상 그랬던 것처럼
끈질기고, 길고
거무튀튀하다.
철길이 철길인 것은
길고 긴 먼 날 후 어드메쯤에서
다시 만날 수 있으리라는 희망을
우리가 아직 내팽개치지 못했다는 뜻이다.
어느 때 어느 곳에서나
길이 이토록 머나먼 것은
그 이전의, 떠남이
그토록 절실했다는 뜻이다.
만남은 길보다 먼저 준비되고 있었다.
아직 떠나지 못한 내 발목에까지 다가와

어느새 철길은
가슴에 여러 갈래의 채찍 자국이 된다.

詩　"철길이 철길인 것은" 하고 나직이 되뇌면 생각의 꼬리가 철길처럼 길게 이어지곤 한다. '철길이 철길인 것은' 하는 순간 수수께끼라도 떠안은 듯 뒷말을 잇도록 한다. 김정환 시인은 '철길이 철길인 것은'을 되뇌며 (철)길과 만남과 희망을 엮어 이렇게 노래한다. 만날 수 없음이 이리도 끈질기기 때문이고, 다시 만날 수 있으리라는 희망을 아직 내팽개치지 못했기 때문이라고.

　아닌 게 아니라 '철길이 철길인 것은' 하고 되뇌면 신촌역, 성북역, 용산역, 서울역을 오가던 아련한 철길들이 떠오른다. 그러니까 철로도 아니고, 철도도 아니고, 바로 '철길이 철길인 것은' 그 길이 인간 안쪽으로 뻗어 있기 때문이다. 자세히 들여다보면 철길은 두 개의 길로 이루어져 있다. 하나의 길과 또 하나의 길, 한 사람의 길과 또 한 사람의 길! 그 두 길은 서로 마주칠 수 없음으로 나아가는 길이다. 서로 버팀으로써 지나감의 속도와 무게를 견뎌 내는 길이다. 지금 당장은 만날 수 없는 길이지만, 언제나 함께 나아가는 길인 것이다.

　'철길이 철길인 것은' 시간의 누적인 역사(歷史)가 배어 있기 때문이다. 1899년 제물포에서 노량진을 오가는 경인선이 첫 경적을 울린 이후 철길은 격동의 근대사를 달려왔다.

수탈하고 징병하고 피란하고 산업하러 가는 길에 철길이 있었다. '철길이 철길인 것은' 사람과 사람을, 여기와 저기를 이어 주는 따뜻한 핏줄이기 때문이다. 사람들이 모인 곳에서 나서 사람들이 모인 곳으로 방방곡곡을 누비며 달려간다. 상경하고 귀경하고 입영하고 귀대하고 여행하는 곳에 늘 철길이 있었다. 그러니 '철길이 철길인 것은' 그 길에 자갈돌처럼 깔려 있는 숱한 기다림 때문이기도 하다. 그 기다림이 너무 길고 외로워서, 철길이 두 길이 된 것인지도 모르겠다.

그리고 '철길이 철길인 것은' 끝이 있기 때문이다. 시인이 철길을 사랑하는 이유다. 그러므로 그는 "이 살아 있음이 언젠가는 끝이 있으리라는 것을/ 나는 믿고/ 또 사랑하는 것이"(「육교」)고, "음침한 시대가, 끝났다는 듯이/ 기름 묻은 이슬이 검게, 선로 위에서 반짝인다/ 아직 젖어 있는 것은 무엇인가"(「검붉은 눈동자」)라며 희망을 놓지 않는 것이다. 고통도 절망도 이별도 끝이 있기 때문에 견딜 만한 것이고, 드디어 완성되는 것이고, 결국은 희망적인 것이다. 그리하여 "철길은 희망이 항상 그랬던 것처럼/ 끈질기고, 길고/ 거무튀튀한" 것이다. 당신이든 미래든 휴전선 너머든, 완행이든 급행이든, 바로 그곳까지 달려가는 것이 철길인 것이다.

거짓말을 타전하다

안현미

    여상을 졸업하고 더듬이가 긴 곤충들과 아현동 산동네에서 살았다 고아는 아니었지만 고아 같았다 사무원으로 산다는 건 한 달치의 방과 한 달치의 쌀이었다 그렇게 꽃다운 청춘을 팔면서 살았다 꽃다운 청춘을 팔면서도 슬프지 않았다 가끔 대학생이 된 친구들을 만나면 말을 더듬었지만 등록금이 없어 학교에 가지 못하던 날들은 이미 과거였다 고아는 아니었지만 고아 같았다 비키니 옷장 속에서 더듬이가 긴 곤충들이 출몰할 때도 말을 더듬었다 우우, 우, 우 일요일엔 산 아래 아현동 시장에서 혼자 순댓국밥을 먹었다 순댓국밥 아주머니는 왜 혼자냐고 한 번도 묻지 않았다 그래서 고마웠다 고아는 아니었지만 고아 같았다
    여상을 졸업하고 높은 빌딩으로 출근했지만 높은 건 내가 아니었다 높은 건 내가 아니라는 걸 깨닫는 데 꽃다운 청춘을 바쳤다 억울하진 않았다 불 꺼진 방에서 더듬이가 긴 곤충들이 나 대신 잘 살고 있었다 빛을 싫어하는 것 빼곤 더듬이가 긴 곤충들은 나와 비슷했다 가족은 아니었지만 가

족 같았다 불 꺼진 방 번개탄을 피울 때마다 눈이 시렸다 가끔 70년대처럼 연탄가스 중독으로 죽고 싶었지만 더듬더듬 더듬이가 긴 곤충들이 내 이마를 더듬었다 우우, 우, 우 가족은 아니었지만 가족 같았다 꽃다운 청춘이었지만 벌레 같았다 벌레가 된 사내를 아현동 헌책방에서 만난 건 생의 꼭 한 번은 있다는 행운 같았다 그 후로 나는 더듬이가 긴 곤충들과 진짜 가족이 되었다 꽃다운 청춘을 바쳐 벌레가 되었다 불 꺼진 방에서 우우, 우, 우 거짓말을 타전하기 시작했다 더듬더듬, 거짓말 같은 시를!

詩

"저질러라, 닥치면 겪는다, 긍게 긍갑다"를 인생의 3계명으로 삼고 사는 여성 시인이 있다. 실제로도 여상을 졸업하고 '더듬이가 긴 곤충들'과 아현동에서 살았으며, "치사량과 열정과 눈물 한 방울만큼의 광기와 고독/ 개미의 페로몬 같은 상상력"(「짜가투스트라는 이렇게 말했다」)을 재료로 '시 같은 거짓말'을 제조하고 '거짓말 같은 시'를 타전하여 시인이 되었다고 한다. 씩씩하고 싹싹한 안현미 시인의 얘기다.

그의 첫 시집 『곰곰』은 이렇게 소개되었다. "활짝 핀 착란의 찰나에서 건져 올린 생짜의 시, 시라니!"라고. 그의 시를 읽는 일은 "막장에서 석탄을 캐내던 내 아버지"(「고장난 심장」)와 "까치밥처럼 눈물겨운 엄마"(「우리 엄마 통장 속에는 까치가 산다」)의 틈바구니에서 '생짜'로 캐낸, 캄캄한 그러나 반짝이는, 검은 조개탄을 들여다보는 일만 같다.

누구에게나 '젊은 날의 비망록'은 있는 것이어서, 그 비망록이 어둡고 고통스러울수록 그 젊음은 젊었음이 틀림없다. 이 시는 시인의 '젊은 날의 초상'이다. 여상, 산동네, 등록금, 비키니 옷장, 순댓국밥, 번개탄, 연탄가스 중독, 헌책방 따위로 그려지는 1990년대면서도 '여전히 1970년대적인' 풍경이다.

거기에는 짐작되는 아픔이 있고 헤아려지는 가난과 고독이 있다. "고아는 아니었지만 고아 같았다", "가족은 아니었지만 가족 같았다"라고 반복적으로 말할 때, '-이었지만'을 경계로 앞 문장은 뒤 문장에 의해 뒤집힌다. 경계는 해체된다. "높은 빌딩으로 출근했지만 높은 건 내가 아니었다", "죽고 싶었지만 더듬더듬 더듬이가 긴 곤충들이 내 이마를 더듬었다"라고 말할 때, 앞 문장은 뒤 문장에서 완성되지 않는다. "꽃다운 청춘이었지만 벌레 같았다"라고 말할 때도 앞 문장은 뒤 문장에서 무참히 무너진다. 앞과 뒤는 이렇게 가파르게 반전하지만 사실은 동어를 반복하고 있을 뿐이다. 리듬감은 여기서 살아난다.

시인에게 '거짓말'은 '시'의 다른 이름이다. 그것은 진실의 또 다른 이름이라는 점에서 일종의 아이러니다. 그러므로 '거짓말을 타전하다'라는 말은 "목마른 시인의 가면을 뒤집어쓰고 팔리지 않는 위독한 모국어로 시(詩)를 쓰고 있었다"(「그 해 여름」)의 다른 표현이며, 그의 시에서는 거짓말을 제조하다, 환을 연주하다(보다), 몽유병에 꽂히다, 착란에 휩싸이다 등으로 변주된다.

그런데 나를 울게 하고 결국은 가족이 되는 '더듬이가 긴 곤충들'이란 무엇에 대한 은유일까? 야행성의 창녀들일까, 사내들일까, 불안이나 공포일까, 죽음일까…… 어쨌든 "그녀의 더듬이는 쓴다 우우, 우, 우 그녀의 더듬이가 운다"(「거짓말을 제조하다」). 그것은 진행형이다.

감나무

이재무

감나무 저도 소식이 궁금한 것이다
그러기에 사립 쪽으로는 가지도 더 뻗고
가을이면 그렁그렁 매달아 놓은
붉은 눈물
바람결에 슬쩍 흔들려도 보는 것이다
저를 이곳에 뿌리박게 해 놓고
주인은 삼십 년을 살다가
도망 기차를 탄 것이
그새 십오 년인데……
감나무 저도 안부가 그리운 것이다
그러기에 봄이면 새순도
담장 너머 쪽부터 내밀어 틔워 보는 것이다

詩

　　소설가 현기영의 발문을 빌려 말하자면, 좀 '지랄 같은 성깔'과 '흰 이를 드러내고 씨익 웃는 개구쟁이의 웃음'과, 그리고 '시적 허기증'이라 할 만한 왕성한 창작 욕구가 가장 그답다고 한다. 그가 바로 이재무 시인이다. 그의 시는 어렵지 않다. 고향과 유년에의 기억, 도시와 문명의 피로 등 자신의 삶 체험을 진술하게 담아내기 때문이다. 그는 "퇴고할 필요가 별로 없는 완전한 모습의 시가 초고부터 쓰인 경우 좋은 시가 많았다."라고 말한 적이 있는데, 이 「감나무」야말로 단숨에 쓰인 시임에 틀림없다.

　　고향을 버리고 온 사람이라면 누구나 가슴에 감나무 한 그루쯤은 담고 산다. 흰 보석 같은 감꽃과 달착지근했던 꽃맛, 새파란 감잎과 툭툭 떨어지던 풋감들이 만들어 내는 그늘, 꽃보다 더 고왔던 붉은 감잎, 감과 곶감과 까치밥의 그 달콤한 맛……. 하나같이 정답고 포근한 풍경들이다.

　　십오 년 동안을, 주인이 도망치듯 떠난 빈집에서 꽃을 내고 잎을 내고 감을 내며 홀로 고군분투하는 감나무 한 그루가 있는 풍경은 쓸쓸하다. 성큼 들어설 주인을 마중이라도 하려는 듯 사립 쪽으로 가지를 내뻗고 있다. 연초록 새순도 담장 너머 쪽으로 고개를 내밀고 있다. 새순이 잎이 되고 그 잎이

질 때, 한 기다림을 다 살았을 때, 그렁그렁 붉은 눈물을 매달고 바람의 안부에나 귀 기울이는 것이리라. 날렵하게 포착해 낸 이 짧은 시의 여백에는 농촌의 붕괴와 이농 현상이 있고, 한 가족의 곡절 많은 삶이 있고, 녹록지 않았을 도시 살이가 있고, 무작정의 세월이 있고 계절이 있고, 그리움과 기다림이 있고, 인정이 있고 섭리가 있다.

"초겨울 인적 드문 숲 속/ 앙상한 가지에 매달려/ 위태위태한 빨간 슬픔의 홍시/ 하나의 마음으로 기다려"(「기다림」)는 이 감나무는 기다림을 완성시켜 줄 '큰 입 가진 임자'를 기다리는 것이리라. 고향이란 이런 감나무처럼 애틋하게 기다려 주는 곳이다. 고향에 대한 향수는 이런 감나무로 통하는 것이다.

새순이 돋고 감꽃이 지고 나면, 감이 열리고 감잎이 물들 것이다. 그리고 까치밥 하나 오래 맺혀 있으리라. 고향 빈집에 남겨 두고 온 저 감나무는 그렇게 삼십 년을 알콩달콩 한 식구처럼 살았으니, 십오 년에 또 십오 년은 더, 피붙이처럼 그리워할 것이다. 속을 바짝바짝 태우며 그리 오래 기다렸던 감나무니 그 감은 또 오죽 달 것인가.

인파이터—코끼리군의 엽서

이장욱

저기 저, 안전해진 자들의 표정을 봐.
하지만 머나먼 구름들이 선전포고를 해 온다면
나는 벙어리처럼 끝내 싸우지.
김득구의 14회전, 그의 마지막 스텝을 기억하는지.
사랑이 없으면 리얼리즘도 없어요
내 눈앞에 나 아닌 네가 없듯. 그런데,
사과를 놓친 가지 끝처럼 문득 텅 비어 버리는
여긴 또 어디?
한 잔의 소주를 마시고 내리는 눈 속을 걸어
가장 어이없는 겨울에 당도하고 싶어.
다시는 돌아오지 못할 곳
방금 눈앞에서 사라진 고양이가 도착한 곳.
하지만 커다란 가운을 걸치고
나는 사각의 링으로 전진하는 거야.
날 위해 울지 말아요, 아르헨티나.
넌 내가 바라보던 바다를 상상한 적이 없잖아?

그러니까 어느 날 아침에는 날 잊어 줘.
사람들을 떠올리면 에네르기만 떨어질 뿐.
떨어진 사과처럼 멍하니 창밖을 바라보는데
거기 서해 쪽으로 천천히, 새 한 마리 날아가데.
모호한 빛 속에서 느낌 없이 흔들릴 때
구름 따위는 모두 알고 있다는 듯한 표정들.
하지만 돌아보지 말자, 돌아보면 돌처럼 굳어
다시는 카운터 펀치를 날릴 수 없지.
안녕. 날 위해 울지 말아요.
고양이가 있었다는 증거는 없잖아? 그러니까,
가이사의 것은 가이사에게
구름의 것은 구름에게.
나는 지치지 않는
구름의 스파링 파트너.

詩

　　이장욱 시인의 시는 몽롱하다, 아니 명쾌하다. 난해하다, 아니 낯설다. 좀 다르게 말해 보자. 그는 낮을 사는 시인이다, 아니 밤을 사는 시인이다. 그는 시인이다, 아니 소설가다. 노문학자다, 아니 (픽션)에세이스트다, 아니 비평가다. 현대시 모더니티의 한 극점에 서 있는 '우울한 모던 보이'다, 아니 서정시의 안부(內部)를 공략하는 '진정한 인파이터'다. 짐작 하겠지만 그는 그 모두이면서 단지 문학 그 자체이다. 이 시의 묘미도 이런 어울림에 있다. 대화와 독백, 여기저기서 끌어 온 시어와 문장들의 인용 혹은 변용, 절망을 농담으로 받아치는 경쾌함, 뜬금없고 돌연한 조증(躁症)과 울증(鬱症)의 변주, 비극적이면서 냉소적인 다변(多辯) 등으로 날렵하게 치고 빠지는 잽이 장기인 시이다.

　　파이터! 라는 말은 자극적이다. 인파이터! 라고 듣는 순간 단전에서부터 전의(戰意)가 꿈틀거린다면 당신은 사각의 링 위에서 난투극을 벌여 본 적이 있거나 벌이고 있는 자다. 외곽을 돌면서 상대의 빈틈을 노리는 아웃파이터이거나 상대에게 바짝 달라붙어 저돌적인 공격을 퍼붓는 인파이터일 것이다. 1982년 겨울, 세상에서 가장 무서운 인파이터 맨시니의 강편치를 맞고 맞고 또 맞으면서도 조금도 물러서지 않았던 복서 김득구, 그 경기에서 김득구는 분명 맨시니보다 더 인파이터였다. 그러나 김득구는 오는 펀치를 피해 되받아치는 카운터 펀치, 그 한 방의 나이스 펀치를 날리지 못했다.
"코끼리를 천천히 허물어지는 코끼리를/ 그대는 본 적이 있으십니까./ (……) 그의 거대한 육체가/ 황폐하지 말라 황폐하지 말라 중얼거리듯/ 무심하지만 지극히 섬세한 자세로 무너져 가는/ 그 아늑한 풍경을"(「코끼리」). 김득구는 그렇게 무너졌다. 가출해 구두닦이를 전전하다 헝그리 복서로 막 인생이 피려고 할 그때, 14회전까지 계속 얻어맞았지만, 그때까지 버텨 온 김득구의 드림, 김득구의 땀과 눈물, 김득구의 피로, 김득구의 공포……. 김득구는 살아생전 술을 마시면 노래했다. "권투란 무엇일까, 맞는 걸까, 때리는 걸까."
이 사각의 링에서 그 누군들 단 한 방의 펀치도 맞지 않으면서 단 한 방의 카운터 펀치를 날리는 아웃파이터가 되고 싶지 않겠는가. 그러나 나는야 '지치지 않는 구름의 스파링 파트너'일 뿐, 이름하여 '인파이터 코끼리군'. 우리는 정말 밑도 끝도 없는 저 모호한 구름에 너무 바짝 붙어 싸우고 있는 게 틀림없어! 우리 삶이란 게, 그렇게 허무맹랑한 싸움임에 틀림없어!

맨발

문태준

어물전 개조개 한마리가 움막 같은 몸 바깥으로 맨발을 내밀어 보이고 있다
죽은 부처가 슬피 우는 제자를 위해 관 밖으로 잠깐 발을 내밀어 보이듯이 맨발을 내밀어 보이고 있다
펄과 물속에 오래 담겨 있어 부르튼 맨발
내가 조문하듯 그 맨발을 건드리자 개조개는
최초의 궁리인 듯 가장 오래하는 궁리인 듯 천천히 발을 거두어 갔다
저 속도로 시간도 길도 흘러왔을 것이다
누군가를 만나러 가고 또 헤어져서는 저렇게 천천히 돌아왔을 것이다
늘 맨발이었을 것이다
사랑을 잃고서는 새가 부리를 가슴에 묻고 밤을 견디듯이 맨발을 가슴에 묻고 슬픔을 견디었으리라
아- 하고 집이 울 때
부르튼 맨발로 양식을 탁발하러 거리로 나왔을 것이다

맨발로 하루 종일 길거리에 나섰다가
가난의 냄새가 벌벌벌벌 풍기는 움막 같은 집으로 돌아
오면
아- 하고 울던 것들이 배를 채워
저렇게 캄캄하게 울음도 멎었으리라

詩

　문태준 시인의 시에서는 뜨듯한 여물 냄새가 난다. 느림보 소가 배 속에 든 구수한 여물을 되새김질하는 투실한 입 모양이 떠오른다. 잘 먹었노라고 낮고 길고 느리게 음매 울 것도 같다. 21세기 벽두의 우리 시단에서 그의 시는 '오래된 미래'다. 찬란한 '극빈(極貧)'과 '수런거리는 뒤란'을 간직한 청정 보호구역이다.

　'시인·평론가가 선정한 2003년 최고의 시'로 뽑히기도 했던 이 시는 겹겹의 배경을 거느리고 있다. 수묵의 농담(濃淡)처럼 그 그림자가 자연스럽다. 죽기 직전의 개조개가 빼죽 내밀고 있는 맨살에서, 죽은 부처의 맨발을 떠올리는 상상력의 음역은 웅숭깊다. 그런데 사실은 우리 아버지들의 맨발, 그 부르튼 한평생을 얘기하고 있다. 시를 포착하는 시적 예지와 시안(詩眼)의 번뜩임이란 바로 이런 것이다.

　세상에 제일 나중에 나와, 세상 가장 낮은 곳에서 가장 큰 하중을 견뎌 내고서는, 세상으로부터 제일 나중에 거두어들이는 것이 맨발이다. 맨발로 살다 맨발로 돌아가는 모든 것들은 평속(平俗)한 세파를 화엄적으로 견뎌 내는 존재들이다. 길 위에서 태어나 평생토록 길 없는 길을 '맨발'로 걸어 다니다 길 위에서 열반에 든 부처가, 자신의 죽음을 슬퍼하는 가섭을 위해 관 밖으로 내밀어 보여 준 두 발에는 천 개의 바퀴살을 하나로 연결시킨 바퀴테와 바퀴통의 형상이 새겨 있었다고 한다. 부처는 무량겁 지혜의 형상을, 그리고 죽고 사는 것이 하나라는 것을 제자에게 일러 주고 싶었던 것이리라.
  '바깥'에서 안으로 거두어들이는 이 맨발의 움직임은 적막하다. 어물전의 개조개가 무방비로 내놓았다가, "최초의 궁리인 듯 가장 오래하는 궁리인 듯 천천히" 맨발을 거두어들이는 그 느린 속도에는 죽음이 묻어 있다. 무언가를 잃고 자신의 초라한 움막으로 되돌아와야 하는 '맨발'의, 적나라한, 온 궁리를 다한 뒤끝의 거둠이다. 탁발승의 벌거벗은 적멸이요, 개조개 속에 담긴 부처다.
  '조문' 하듯 만져 주는 시인의 손길 또한 애잔하다. 개조개가 슬쩍 내보인 맨발에서 천 길 바다 밑을 걷고 또 걸었던 성스러운 걸인을 보았기 때문일 것이다. 가난한 우리의 아버지들과, 그 범속(凡俗)한 빈궁 속에서 세계의 아득한 끝을 바라보았기 때문일 것이다. 생명의 끈을 놓아 버린 차디찬 맨발을 만져 본 사람에게 이 시의 적막함은 유난하다.
  인연이든 시간이든 기적이든 순력(巡歷)을 다했기에 '바깥'에서 거두어들이는 것이다. 부르튼 맨발을 가슴에 묻고 슬픔을 견디었기에, '아-' 하고 우는 것들을 채워주었기에, 느리고 느리게 제 근원으로 돌아가는 것이다. "아,/ 다시 생각해도/ 나는/ 너무 먼/ 바깥까지 왔다"(「바깥」)!

저문 강에 삽을 씻고

정희성

흐르는 것이 물뿐이랴
우리가 저와 같아서
강변에 나가 삽을 씻으며
거기 슬픔도 퍼다 버린다
일이 끝나 저물어
스스로 깊어 가는 강을 보며
쭈그려 앉아 담배나 피우고
나는 돌아갈 뿐이다
삽자루에 맡긴 한 생애가
이렇게 저물고, 저물어서
샛강바닥 썩은 물에
달이 뜨는구나
우리가 저와 같아서
흐르는 물에 삽을 씻고
먹을 것 없는 사람들의 마을로
다시 어두워 돌아가야 한다

詩 정희성 시인은 해방둥이다. 올해로 38년의 시력에 4권의 시집이 전부인 과작(寡作)의 시인이다. "말이 곧 절이라는 뜻일까/ 말씀으로 절을 짓는다는 뜻일까"(「시(詩)를 찾아서」), 그의 시를 읽노라면 말[言]과 절[寺]이 서로를 세우고 있는 시(詩)됨에 대해 생각하게 된다. 그의 시는 나직하게 절제되어 있으며 민중의 삶이 자연스럽게 녹아 있다. 쉽게 읽히되 진정하고, 단정하되 뜨겁다. "그는 자신의 시처럼 단정하고 단아하지만 단아한 외형 속에는 강철이 들어 있다."라고 했던 신경림 시인의 말처럼, 시와 시인과 시인의 삶이 버성기지 않은, 참 보기 좋은 경우다.

「저문 강에 삽을 씻고」는 "눈 덮여 얼어붙은 허허 강벌/ 새벽종 울리면 어둠 걷히고/ 난지도 취로사업장 강바닥엔 까마귀떼처럼/ 삽을 든 사람들 뒤덮인다"(「언 땅을 파며」)나, "퍼내도 바닥이 횐 서러움/ 하루 벌어 하루 먹는 놈이/ 팔다리만 성해서 무얼 하나/ 공사판엔 며칠째 일도 없는데/ 삽을 들고 북한산을 퍼낼까/ 누구는 소용없는 일이라지만/ 나는 북한산 바닥까지 눈을 퍼낸다"(「눈을 퍼내며」) 등의 시와 함께 읽을 때, "삽자루에 맡긴 한 생애"라는 핵심 구절에 대한 이해가 깊어진다.

'삽'이라는 한 글자에는 많은 의미와 뉘앙스가 담겨 있다. 파다, 덮다, 뜨다, 퍼 담다, 퍼내다 등의 술어를 수반하는 삽질은 자신의 몸을 구부리고 낮춰야 하는 일이다. 한 삽에 한 삽을 더해야 하는 묵묵하고 막막한 일이다. 흙 한 삽, 모래 한 삽, 석탄 한 삽, 시멘트 한 삽이 모이고 모여야 밥이 되고 집이 되고 길이 되고 마을이 되고 무덤이 된다. 삽질의 정수(精髓)란 이 농경적 우직함과 그 정직함에 있다. 그 정직함을 배반할 때 삽은 무기가 되기도 한다. 농민이든 노동자든, 노동의 본질이 삽질에 있는 것이다.

공자는 냇물을 보며 "흘러가는 것들이 저와 같구나! 밤낮으로 쉬지 않고 흐르는구나!(逝者如斯夫, 不舍晝夜)"라고 했다. 흐르는 것이 물뿐이 아니듯 저무는 것이 어디 하루뿐이겠는가. 인생도 세월도 다 그렇게 흐르고 저문다. 흐르다 고이면 썩기도 하고 그 썩은 곳에 말간 달이 뜨기도 한다. 두 번에 걸쳐 반복되는 "우리가 저와 같아서"는 그러한 자연의 섭리를 불운한 삶의 안쪽으로 순하게 끌어안는 모습이다.

'우리가 저와 같아서'라는 말에는 수다나 울분이 없다. 하루가 저물듯, 고단한 노동이 저물어 연장을 씻듯, 노동의 비애와 슬픔도 함께 씻어 낼 뿐이다. 저물어 가는 삶의 비애와 슬픔도 함께 씻었으리라. 흐르는 것들은, 저물 수 있는 것들은 그러한 정화와 치유의 힘을 간직하고 있다. 해서 이 시를 읽고 나면 어느덧 '우리도 저와 같'은 마음이 되고 싶은 것이다. 흘러가는 것들이 저와 같으니!

시의 출처

아래의 시들은 다음의 시집에 수록되어 있습니다.

「해」, 『예레미야의 노래』, 박두진, 창비
「남해 금산」, 『남해 금산』, 이성복, 문학과지성사
「꽃」, 『김춘수 시전집』, 김춘수, 민음사
「사평역에서」, 『사평역에서』, 곽재구, 창비
「한 잎의 여자」, 『사랑의 기교』, 오규원, 민음사
「대설주의보」, 『대설주의보』, 최승호, 민음사
「빈집」, 『입 속의 검은 잎』, 기형도, 문학과지성사
「별들은 따뜻하다」, 『별들은 따뜻하다』, 정호승, 창비
「귀천」, 『주막에서』, 천상병, 민음사
「남신의주 유동 박시봉방」, 『정본 백석 시집』, 백석, 문학동네
「잘 익은 사과」, 『달력 공장 공장장님 보세요』, 김혜순, 문학과
　　지성사
「성탄제」, 『황사현상』, 김종길, 민음사
「혼자 가는 먼 집」, 『혼자 가는 먼 집』, 허수경, 문학과지성사
「저녁의 염전」, 『나는 이 세상에 없는 계절이다』, 김경주, 랜덤
　　하우스중앙
「그릇 1」, 『오세영 시전집』, 오세영, 랜덤하우스중앙
「문의마을에 가서」, 『고은 시전집』, 고은, 민음사
「전라도 가시내」, 『이용악 시전집』, 이용악, 창비
「6은 나무 7은 돌고래, 열 번째는 전화기」, 『6은 나무 7은 돌고래』,
　　박상순, 민음사
「쉬」, 『쉬』, 문인수, 문학동네
「향수」, 『정지용 전집』, 정지용, 민음사

「바람의 말」,『보이는 것을 바라는 것은 희망이 아니므로』, 마종기, 문학과지성사
「타는 목마름으로」,『타는 목마름으로』, 김지하, 창비
「봄바다」,『가만히 좋아하는』, 김사인, 창비
「달은 추억의 반죽 덩어리」,『10년 동안의 빈 의자』, 송찬호, 문학과지성사
「사철나무 그늘 아래 쉴 때는」,『햄버거에 대한 명상』, 장정일, 민음사
「그리스도 폴의 강 1」,『구상』, 구상, 문학사상사
「칼로 사과를 먹다」,『우리는 철새처럼 만났다』, 황인숙, 문학과지성사
「농무」,『농무』, 신경림, 창비
「반성 704」,『반성』, 김영승, 민음사
「성북동 비둘기」,『이산 김광섭 시전집』, 김광섭, 문학과지성사
「국토서시」,『국토』, 조태일, 창비
「투명한 속」,『투명한 속』, 이하석, 문학과지성사
「껍데기는 가라」,『신동엽 전집』, 신동엽, 창비
「철길」,『좋은 꽃』, 김정환, 민음사
「거짓말을 타전하다」,『곰곰』, 안현미, 랜덤하우스중앙
「감나무」,『몸에 피는 꽃』, 이재무, 창비
「인파이터—코끼리군의 엽서」,『정오의 희망곡』, 이장욱, 문학과지성사
「맨발」,『맨발』, 문태준, 창비
「저문 강에 삽을 씻고」,『저문 강에 삽을 씻고』, 정희성, 창비

애송시 100편 어떻게 골랐나

　100편의 시를 선정하기 위해 현역 시인 100명에게 각자 10편씩 추천을 의뢰했다. 그 결과 156명의 시인이 쓴 작품 429편이 1회 이상 추천을 받았다. 현대시 100년이 이룬 다양한 성과를 최대한 반영하기 위해 다수 추천작 순으로 시를 선정하는 대신 2회 이상 추천을 받은 시인 89명과, 1회 추천 시인 가운데 11명을 추가해 100명의 시인을 확정했고, 시인마다 1편씩 소개하는 방식으로 연재 대상 시를 골랐다.

　설문 결과 가장 많은 추천을 받은 시는 김수영의 「풀」이었다. 이 밖에 한용운 「님의 침묵」, 백석 「남신의주 유동 박시봉방」, 김소월 「진달래꽃」, 김춘수 「꽃」, 윤동주 「서시」, 서정주 「동천」, 신경림 「농무」, 정지용 「향수」, 박목월 「나그네」가 '추천 횟수 베스트 10'에 포함됐다. 작가별로는 서정주 시인이 62회 추천을 받아 이 부문 수위를 기록했으며, 김수영 시인은 58회로 2위에 올랐다.

설문에 참여한 시인들

강은교 강정 고형렬 권혁웅 고진하 길상호 김경주 김광규 김근 김영승 김용택 김종길 김준태 김지하 김남조 김명인 김민정 김사인 김선우 김소연 김승희 김신용 김종철 김종해 김행숙 김형영 김혜순 김후란 나태주 남진우 노향림 맹문재 문성해 문인수 문정희 문태준 박라연 박상순 박정대 박주택 박형준 서정춘 성찬경 손정순 송수권 송재학 송찬호 손택수 신달자 신대철 안도현 엄원태 오세영 오탁번 원재훈 유안진 유홍준 이가림 이근배 이문재 이민하 이병률 이성부 이승하 이시영 이원 이재무 이진명 이태수 이하석 장경린 장석남 장석원 장석주 장옥관 정일근 정현종 정호승 정희성 조용미 조은 조정권 정끝별 조오현 차창룡 채호기 천양희 최동호 최두석 최문자 최승호 최영철 최정례 최하림 함민복 함성호 허만하 홍신선 황병승 황지우 (가나다순)

어느 가슴엔들
시가 꽃피지 않으랴
1

1판 1쇄 펴냄 · 2008년 6월 5일
1판 35쇄 펴냄 · 2023년 10월 6일

지은이 · 김소월 외
해설 · 정끝별
그린이 · 권신아
발행인 · 박근섭, 박상준
펴낸곳 · (주) 민음사

출판등록 1966. 5. 19. 제16-490호
서울특별시 강남구 도산대로1길 62 (신사동)
강남출판문화센터 5층 (우편번호 06027)
대표전화 02-515-2000 / 팩시밀리 02-515-2007
www.minumsa.com

ⓒ 정끝별, 2008, Printed in Seoul, Korea

ISBN 978-89-374-2642-1 04810
ISBN 978-89-374-2641-4 (세트)

* 잘못 만들어진 책은 구입처에서 교환해 드립니다.